KB210567

축구를 생각하다

정훈·이동국·홍정남·이용

축구를 생각하다

인벤

PROLOGUE

축구를 책으로 배운다고?

책 제안을 받고 처음 든 생각이었다. '축구를 어떻게 책으로 배워.'

그러면서도 이유가 있을 것 같아 일단 들어 보았다. 편집자와는 이미 책을 같이 만들어본 사이였기 때문이다.

『결과를 아는 선택은 없다』가 출간되고 전국을 다니며 많은 분을 만났다. 어린아이부터 중년의 어른들까지 생각보다 많은 분들이 반겨주셔서 굉장히 의미 있는 시간을 보냈다고 생각했다. 그런데 동행하던 편집자는 그때 이번 책에 대한 생각이 들었다고 했다.

전국 곳곳에 얼마나 많은 유소년 축구팀이 있는지를 직접 봤고(유니폼을 입고 사인회를 찾은 유소년 친구들이 많기는 했다), 요즘 여자 축구도 붐인데 축구를 제대로 배울 기회가 많지 않은 것 같다고. 이들에게 실질적인 축구 이야기를 해주는 게 어떻겠냐는 말이었다.

사인회나 북토크를 하면 학부모로 보이는 분들은 유소년 축구에 대해 궁금해했다. 우리 아이가 축구를 하는데, 이 정도 실력인데 괜찮은 건지, 선수 출신인 나에게 궁금한 것이 많아 보이셨다.

나도 송도에서 이동국 FC를 운영하면서 다양한 나이대의 어린이들을 만난다. 얼마나 즐겁게 축구를 하는지 얼마나 열심히 하는지를 보고 있던 터라, 아이들이든 같은 부모의 입장에서든 내가 도움이 될 수 있다면 책을 한번 써봐도 좋을 것 같다는 생각이 들었다.

또 요즘은 여성들도 취미로 축구를 많이 하는 것 같다. 이동국 FC 에서 뛰고 있는 여자 풋살팀을 보면 건강한 에너지가 넘친다. 그런데 축구나 풋살을 하고 싶어 하는 많은 여성들이, 마음과는 달리 공을 차 본 경험도 거의 없고 단체 운동이라는 특성상 남에게 피해가 될까 걱정이 되어 쉽게 뛰어들지 못하는 경우가 있다고 했다. 또 많은 팀에서 체계화된 훈련을 하기에도 어려움이 있는 것 같았다.

생활 체육의 하나인 동호인 축구는 대한민국 축구를 위해서라도 매우 중요한 부분이다. 유소년뿐만 아니라 동호회에도 도움이 될 수 있다면 해보는 게 좋겠다는 생각이 들었다.

그러면서 내가 역제안을 했다. 축구는 여러 포지션이 각자의 역할을 잘 해내야 이기는 스포츠인데 나는 공격수로 오래 뛰었다. 그렇다면 다른 포지션에서 조금 더 전문적인 조언을 해줄 수 있는 사람이 같이하면 어떻겠냐고. 그렇게 선수 시절 함께 뛰었던 동료들과 오랜만에 그라운드에 들어섰다.

네 명이 정말 발로 뛰며 책을 완성했지만, 여전히 축구를 책으로 배울 수 있다고는 생각하지 않는다. 하지만 축구의 기본과 그 기본기를 완성해가는 과정에 대해서는 후배에게 또는 어린선수들에게 조언해 주듯 써봤다. 무엇보다 요즘 쏟아지는 축구에 대한 수많은 정보 속에서 본질적으로 중요한 것이 무엇인지에 대해 긴 선수 생활을 경험한 우리의 이야기를 솔직하게 담고자 했다.

나는 축구에 정답이 있다고 생각하지 않는다. 그래서 축구가 어렵다. 하지만 그런 이유로 전 세계의 많은 사람들이 축구에 열광하는 게 아닐까 생각한다.

은퇴를 했지만 축구에 대한 관심은 여전하다. 늘 공부해야 하는 분야다. 오랜만에 축구를 시작했던 시절로 돌아가 어떻게 배웠고, 어떻게 익혔는지를 떠올려 보았다. 좋았던 것과 아쉬웠던 것을 되짚어보며 쉽게 풀어보고자 했다.

그렇게 완성된 이 책이 유소년 선수들과 그 부모님들에게 선수 생활의 경험을 담은 생생한 조언이 되기를 바란다. 또 축구가 직업이 아닌 삶을 살고 있는 사람들에게도 일주일에 한 번씩 운동장에서 땀 흘리고 서로 부딪히며 건강한 에너지를 내는 데 도움이 될 수 있다면, 축구인의 한 사람으로서 너무나 기쁠 것 같다.

2025년 여름을 앞두고
이동국

차례

★★★

CHAPTER 1

★★★

축구

BASIC
POSIT

ON——

축구를 해보자

축구를 이루는 기초적인 기술은 '드리블, 패스, 볼 컨트롤, 슈팅'이라고 볼 수 있다. 프로에서 살아남기 위해서는 더 많은 것들이 필요하지만, 처음 축구를 시작하는 사람들이 집중하고 잘 배워야 하는 기본기는 위 네 가지 정도이다.

그런데 이 중에서도 가장 중요한 것이 무엇인지를 묻는다면 '볼 컨트롤'이라고 답하겠다. 좋은 패스를 하기 위해, 좋은 슈팅을 하기 위해 사전에 필요한 것이 바로 좋은 볼 컨트롤이기 때문이다.

지금부터 좋은 자세와 볼 컨트롤을 시작으로 우리가 배우고, 익히고, 뛰어왔던 축구의 기본에 대한 이야기를 시작해보려고 한다.

축구 선수의 기본 자세
Basic Position

어떤 운동이든 처음에는 올바른 자세를 익히는 것부터 시작한다. 특히 빠르고 역동적으로 흘러가는 축구 경기에서, 선수가 항상 좋은 움직임을 가져가고자 한다면 바른 자세를 익히고 유지하는 것이 중요하다.

축구든 풋살이든 필드에 서 있는 선수는 항상 손은 허리 위쪽으로 올리고, 허리를 약간 숙인 상태에서 무릎을 살짝 굽히고 있어야 한다. 어떤 상황에서든 안정적이고 빠르게 움직일 수 있는 기본 자세이다.

팔이 축 처져 있거나 상체가 세워져 있는 경우에는 상황이 빠르게 변화하는 필드에서 적절하게 움직임을 가져가기 어렵다.

이상적인 기본 자세

DETAIL
BASIC
POSITI

ED

ON———

축구 선수의 기본 자세 상세
Detailed Basic Position

축구는 간단하게 말해 발로 볼을 차는 스포츠이다. 처음 축구를 배운다면, 내 몸 특히 발로 볼을 어떻게 건드려야 하는지에 대해 제대로 알아 둘 필요가 있다.

① 발끝을 들어라

축구를 처음 시작할 때 의외로 많은 사람들이 발의 각도에 어려움을 겪는 경우가 있다. 발을 들지 못하고, 처져 있는 상태에서 발끝으로 볼을 차는 식이다. 그런데 볼을 안정적으로 차기 위해서는 발끝을 들어 줘야 한다. 그래야 볼과 닿는 발의 면적이 넓어지고, 안정적으로 볼을 컨트롤 할 수 있다.

발끝을 들어야 하는 이유는 이뿐만이 아니다. 발끝이 내려가 있으면 우선 발이 잘 흔들린다. 차는 발이 불안정할 수밖에 없다. 그런데 발끝을 들게 되면 발목에 자연스레 힘이 들어가면서 단단하게 고정이 된다.

축구에서는 발목 힘이 중요하다. 발목 힘의 중요성을 모르고 볼을 찰 경우 원하는 방향으로 볼을 보내지 못하는 경우가 많다. 제대로 된 패스나 킥을 하지 못하는 것이다. 또 발목 힘이 약할 경우 부상을 입기도 한다. 반드시 발끝을 들고 단단히 고정된 상태에서 볼을 차야 안정적으로 나아간다.

간혹 프로 선수들 중에 발끝을 내리고 차는 선수가 있는데, 이는 그 상태로 익숙해진 경우이고 이미 발목 힘이 강해진 상태이다. 이제 막 축구를 배우는 단계라면 올바른 자세를 익히는 것이 좋다. 아직 발목에 힘이 없기 때문에 볼을 안정적으로 잘 찰 수 있게끔 연습하는 게 중요하다.

② 디딤발이 가장 중요하다

패스든 킥이든 슈팅이든, 볼을 찰 때 가장 중요한 건 디딤발이다. 건물을 세울 때 축이 중요한 것과 같은 원리라고 생각하면 된다. 디딤발과의 간격, 디딤발의 방향에 따라 내가 차는 볼의 정확도가 결정된다.

발끝이 내려가 있을 때의 면적

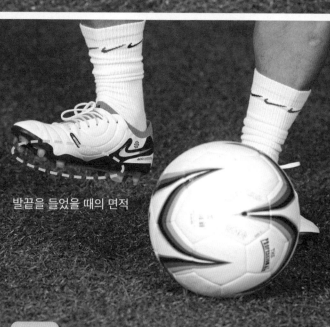

발끝을 들었을 때의 면적

TIP

발끝을 드는 게 낯설면 엄지발가락을 올린다고
생각하면 된다. 그러면 발목도 자연스럽게 올라간다.

디딤발의 이상적인 간격과 방향

볼은 내 디딤발 옆에 왔을 때 차야 한다. 디딤발보다 뒤에서 찰 경우, 맞는 순간 볼은 통통 튀면서 간다. 디딤발보다 앞에서 차면 허리가 젖혀지면서 볼은 떠버린다. 모두 정확도가 낮은 방법이다. 볼과 내 디딤발 사이에는 주먹 하나 또는 하나 반 정도가 들어갈 정도의 간격이 좋다.

격렬하고 빠른 움직임이 이어지는 축구에서는 처음에 이 간격을 맞춰 볼을 차는 것도 쉽지 않다. 프로 선수조차 실수할 때가 있는 동작이니 어려워하기보다 꾸준한 연습으로 기본기를 단단하게 익히도록 하자.

볼을 차는 순간, 디딤발의 발끝과 배꼽의 방향은 언제나 볼이 가야 하는 방향을 보고 있어야 한다. 배꼽이 측면을 보고 있으면 디딤발도 측면을 향하게 되고, 그러면 볼을 정면으로 보내려고 해도 힘 없이 굴러가게 된다. 제대로 디딤발을 딛고 볼을 차면 다리가 살짝 굽혀지는데, 이는 자연스러운 동작이다.

③ 시선에 따라 볼의 움직임은 달라진다

축구를 시작하고 여러 기술들을 익혀 나갈 때는 시선 처리도 의식해야 한다. 시선에 따라 볼의 움직임이 달라지기 때문이다.

초보일 때는 볼을 찰 때 임팩트 위치를 응시해야 한다. 그래야 의도한 대로 움직일 수 있다. 프로 선수들은 경기 중에 볼을 보지 않고 차기도 하는데, 이는 감각이 배어 있어서다. 굳이 볼을 보지 않아도 내가 의도한 대로 볼을 보낼 수 있는 것이다. 하지만 초보일 때는 시선에 따라 볼의 움직임이 달라질 수 있다.

볼의 중앙이든 밑부분이든 볼을 차는 순간 임팩트 위치를 보고 있어야, 실제 임팩트의 정확도가 올라간다. 자신이 의도한 대로 움직이고 있는지를 파악하기 위해서라도 시선 처리는 필수적이다. 이후 실력이 업그레이드 되고 나면 시선 처리가 다양하게 응용된다.

④ 골반을 열어야 한다

볼을 찰 때는 몸 전체를 여는 게 아니라, 골반만 열어 줘야 한다. 많은 초보들이 의외로 이 부분을 어려워 한다. 골반만 여는 것이 아닌 몸 전체를 비트는 경우가 많은데, 그럴 경우 몸의 균형이 쉽게 무너지고 볼이 올바른 방향으로 나아갈 수 없다.

기본 자세를 정리하면 다음과 같다. 볼을 찰 때는 보내고자 하는 방향으로 디딤발의 발끝과 배꼽을 향하게 하고, 볼이 내 디딤발 옆에 왔을 때 골반만 열어 발끝을 들고 차는 것이 올바른 자세다.

임팩트 위치를 응시하기

골반 열기의 올바른 예

축구 선수의 기본 자세 한 눈에 보기

LEE DON

IS GOAL

허리는 살짝
숙인다

몸은 정면에 고정한 후
골반만 연다

무릎을 약간
굽힌다

시선은 임팩트할 지점을 본다

손을 허리 앞에
올린다

배꼽과 디딤발의 끝은
볼이 가고자 하는
방향으로 향한다

BALL
CONTR

01

볼 컨트롤
Ball Control

① 볼 멈추기

축구 경기 중 내가 원하는 방향으로 볼을 이동시키기 위해서는, 먼저 볼을 잘 멈추는 것이 중요하다. 잘 멈춘다는 것은 주변의 공간과 다른 선수들의 위치를 인식해서 다음 동작으로 잘 연결할 수 있게 공을 받는다는 의미이다.

그러기 위해서는 볼을 내 앞으로 떨어지게 받아서 멈춰야 한다. 그래야 상대 수비수에게 뺏기지 않고, 내가 원하는 방향으로 보낼 수 있다.

이때 강하게 오는 볼은 튕겨 나가지 않고 안전하게 멈추기 위해, 볼을 받자마자 발을 살짝 빼야 하는데, 움직이던 볼의 중력을 완화할 수 있게 쿠션 역할을 한다고 해서 쿠셔닝이라고도 한다. 쿠셔닝은 볼을 멈추는 과정의 일부로, 물 흐르듯 자연스럽게 이어져야 한다. 너무 의식하고 발을 빼기보다, 오랜 연습을 통해 볼이 오는 거리나 속도 등에 따라 선수가 감각적으로 대응해야 한다.

발바닥으로 볼을 잡아 놓는 컨트롤도 있는데, 축구를 시작할 때는 기본적으로 인사이드로 잡는 것부터 배운다. 인사이드가 가장 컨트롤하기 쉽고 기초적인 부분이기 때문이다.

② 리프팅

축구를 시작할 때 가장 기초적으로 하는 훈련 중 하나로, 볼 감각을 기르는 훈련이다. 선수는 발등·무릎 등 볼이 내 신체에 맞는 감각을 경험하며 볼이 움직이는 방향을 알게 된다. 그리고 이를 통해 결국 볼의 움직임도 제어할 수 있게 되는 것이다.

리프팅은 경기 중 볼에 끌려다니지 않고, 내가 원하는 대로 볼을 움직일 수 있게 해 주는 가장 기초적인 훈련이라고 할 수 있다.

간혹 초보들이 트래핑과 리프팅을 혼동하는 경우가 있는데, 이 두 개의 차이는 실전 활용 유무라고 볼 수 있다. 트래핑은 볼의 움직임을 멈추는 것이기에 경기에서 직접적으로 활용되지만, 리프팅은 볼을 떨어뜨리지 않고 계속해서 튕기며 볼의 감각을 익히는 것이므로 그 기술이 실전에 거의 사용되지는 않는다.

그렇다고 리프팅을 소홀히 해서는 안 된다. 반복적인 볼 감각 훈련의 경험은 선수에게 그대로 쌓인다. 이는 실전에서 쓸데없는 에너지를 소모하지 않게 하여, 효율적이고 정확하게 경기를 운영하는 데 큰 역할을 한다. 또 자유자재로 리프팅을 할 수 있게 되면 볼이 어떻게 날아오든 원하는 대로 볼을 잡을 수 있다. 몸이 기억하기 때문이다.

리프팅을 잘하지 못해도 축구를 잘하는 사람은 있을 것이다. 하지만 리프팅을 잘하면 경기장에서 실수를 줄일 수 있다. 이는 굉장한

인스텝(발등) 리프팅

강점이 된다. 볼 감각이 뛰어난 선수는 볼이 어떻게 오더라도, 선수와 팀이 원하는 대로 볼을 움직일 수 있기 때문이다.

축구 경기에서는 실수를 얼마나 줄이느냐가 승패에 중요한 역할을 한다. 이런 스포츠에서 리프팅 훈련이 잘되어 있는 선수가 있다면 분명 안정적인 역할을 할 수 있다. 리프팅 훈련이 지루하기도 하고 재미없을 수 있다. 하지만 그럴 때마다 한 번씩 생각해 보길 바란다. 나만의 강점을 쉽게 키울 수 있는 이 훈련을 멈출 것인지.

리프팅 훈련의 시작

팀 스포츠인 축구에서는 대부분의 훈련을 동료와 함께 하거나, 도구를 활용한다. 패스 훈련을 할 때도 파트너가 있거나 벽을 활용해야 하고, 드리블 훈련 역시 혼자 하더라도 콘을 두고 한다. 그런데 리프팅은 볼과 적당한 공간만 있다면 언제 어디서든 혼자서 할 수 있다.

리프팅을 처음 해보는 사람은 10개를 차기도 어려울 것이다. 그런 경우, 한 번 차고 땅에 바운드를 한 뒤 다시 한 번 차는 식으로 연습을 해보면 조금 쉬워진다. 그렇게 여러 번 할 수 있게 되면, 점점 바운드 없이 연달아 차는 숫자를 늘리는 식으로 연습해 보자.

또 오른발잡이라고 오른발만, 왼발잡이라고 왼발만 사용해서는 안 된다. 축구는 결국 양발을 다 써야 하기 때문에 번갈아 차는 훈련을 해야 한다.

리프팅 훈련은 어느 정도까지 하면 되는 걸까?

언제든 100개 이상을 찰 수 있게 될 때까지는 해야 한다. 처음에는 '이걸 어떻게 100개나 하지?'라고 생각하지만, 매일 2-30분만 투자하면 점점 느는 게 보일 것이다.

특히 좋은 목표의식을 갖기 위해서라도, 축구를 처음 시작하는 사람들에게 리프팅은 큰 도움이 된다. 10개를 겨우 차다가 50개를 차게 되고, 그러다 100개를 차게 되는 날 짜릿한 성취감을 경험할 것이다. 이때 한 번 성공했다고 소홀히 할 것이 아니라, 그 정도의 수준이 일상이 될 수 있게 꾸준히 훈련을 하는 것이 중요하다.

또 처음에는 일정한 높이를 유지하면서 볼을 튕기는 연습을 했다면, 점차 숙련된 후에는 한 번은 높게, 한 번은 낮게 차는 훈련으로 점점 난이도를 높여봐야 한다. 결국 볼을 내가 마음먹은 대로 컨트롤할 수 있도록 스스로 응용하면서 훈련을 해야 그 성과가 달라진다.

③ 트래핑

트래핑이란 지면과 공중으로 날아오는 볼을, 내가 다룰 수 있도록 잡아 놓는 것을 말한다. 패스로 오거나, 튀는 볼, 위에서 떨어지는 볼 등을 효과적으로 컨트롤해서 다음 동작(패스, 드리블, 슛 등)으로 이어가기 쉽게 만드는 것이다. 팔을 제외한 신체의 모든 부분을 이용해 선수가 원하는 방향으로 볼을 제어해야 한다.

중요한 것은 어떤 트래핑이든 볼은 터치 이후에 발 밑으로 연결해야 한다는 것이다. 그래야 상대방에게 뺏기지 않고 내가 원하는 방향으로 제어할 수 있다.

트래핑이 익숙해지면, 이동 트래핑을 연습해 자연스럽게 할 수 있어야 한다. 경기에서는 이동 트래핑을 활용해야 할 경우가 더 많기 때문이다.

⚽ 인스텝 트래핑

인스텝 트래핑은 발등 부위를 사용하여 볼을 제어하는 동작이다. 볼이 위에서 떨어질 때 또는 높은 탄도로 날아오는 볼을 발등을 이용해 바닥에 가까이 잡아두는 기술을 말한다. 인스텝 트래핑을 사용하면 볼을 땅에 바로 떨어뜨리지 않고 부드럽게 흡수할 수 있다.

이상적인 인스텝 트래핑

그런데 너무 강하게 받으면 볼이 튀고, 너무 약하면 제대로 멈추지 않는다. 결국 안정적으로 제어하기 위해서는 볼의 낙하 지점을 예측하고 볼이 발등에 닿는 순간에 살짝 힘을 빼며 컨트롤 해야 한다.

인스텝 트래핑에서 주의할 점은, 발등뼈가 아니라 발가락의 넓은 면에 볼이 닿도록 받아야 한다는 것이다. 딱딱한 발등뼈에 맞으면 볼이 튕겨 나가기 쉽다. 이때 발등은 아래로 처지지 않고 세워져야 한다.

인스텝 트래핑은 단순히 볼을 멈추는 용도보다는 다음 동작으로 부드럽게 연결할 수 있도록 볼을 적당히 띄우거나 흘리는 데 자주 쓰인다.

⚽ 발바닥 트래핑

발바닥 트래핑은 발바닥으로 볼을 밟거나 눌러서 멈추는 기술이다. 동작이 빠르고 간단한 것이 특징이다.

발바닥으로 볼을 멈출 때는 주로 바운드 되어 오는 볼일 경우가 많다. 이때는 볼이 바운드 되기 위해 땅에 닿는 그 순간에 바로 발바닥을 대야 한다. 볼이 뜨고 나서 발을 뻗으면, 볼이 튕겨 나가 버린다. 이때도 너무 힘주어 누르는 게 아니라, 발바닥을 살짝 대는 정도로 드롭한다고 생각하면 된다.

이상적인 발바닥 트래핑

발바닥 트래핑을 하기 위해서는 먼저 볼이 다가오는 방향을 보고 몸 중심을 잡은 후 발바닥을 살짝 들어 볼의 진행 경로에 맞춘다. 볼이 다가올 때는 힘을 너무 주지 말고, 부드럽게 발바닥으로 눌러줘야 한다. 이때 원하는 방향으로 자연스럽게 멈추거나 살짝 굴리는 응용도 가능하다.

⚽ 인사이드 트래핑

발 안쪽 부위를 사용하는 트래핑이다. 안정성과 정확도가 높아 초보자부터 프로 선수까지 기본적으로 많이 사용하는 기술이다.

인사이드 트래핑을 하기 위해서는 볼이 오는 방향과 속도를 보고 몸을 맞추어 발 안쪽이 볼을 향하게 만든다. 볼이 닿는 순간 너무 강하게 맞추지 말고, 살짝 충격을 흡수하듯이 멈춘다. 중요한 것은 볼이 내 몸 안에 떨어지게 잡아놓는 것이다. 그래야 볼이 최대한 덜 튕기고, 상대 선수에게 빼앗기지 않고 컨트롤할 수 있다.

제2 동작으로 발바닥 트래핑과 같이 볼이 바닥에 바운드 되자마자 발을 대는 것도 중요한 포인트다. 볼이 올 때, 공중의 높은 부근에서 발을 대면 볼이 크게 튕기게 된다. 안전하게 내 몸과 가까운 곳에 볼을 멈추기 위해서는, 정확하게 땅에 떨어지는 지점에서 멈추게 하는 것이 중요하다. 최대한 볼이 그라운드에 있게끔 해야 한다.

이상적인 인사이드 트래핑:
발끝을 들고 바닥과 가까운
지점에서 트래핑을 한다

발끝이 아래로 내려간
잘못된 각도

인사이드 트래핑을 할 때도 발끝을 올린 상태에서 발목에 힘을 줘야 한다. 그런데 트래핑이 익숙하지 않은 사람들은 볼을 받는다는 것을 너무 의식해 발끝을 땅으로 내리기도 한다. 이 경우에도 볼이 튕겨 나가니 주의해야 한다.

또 왼발과 오른발 모두 사용 가능하므로, 주발이 익숙해지면, 양발 트래핑 훈련으로 업그레이드를 하는 것이 좋다.

⚽ 아웃사이드 트래핑

발의 바깥쪽을 사용하는 트래핑을 아웃사이드 트래핑이라고 한다. 빠른 흐름 속에서 자연스럽게 이어가기 좋은 기술인데, 트래핑과 동시에 자연스럽게 드리블로 연결할 수 있어 빠른 전환에 유리하다.

인사이드 트래핑과 마찬가지로 발의 측면을 활용할 수 있도록, 발을 거의 눕혀 줘야 하는 것이 포인트다.

아웃사이드 트래핑을 하기 위해서는 먼저 몸을 약간 틀어서 발의 바깥쪽이 볼을 향하도록 한다. 발목을 고정한 채 발 바깥쪽을 볼의 진행 경로에 둔 후, 볼이 닿는 순간 발을 살짝 뒤로 빼며 충격을 흡수하거나 원하는 방향으로 살짝 튕겨 제어한다. 이때 발의 복숭아뼈 부근이 볼에 닿아야 하는데, 발목을 단단히 고정하지 않으면 볼이 튀거나 원하는 방향으로 제어되지 않으니 유의해야 한다. 디딤발은 무릎을 45도 정도로 굽혀야 안정적이다.

이상적인 아웃사이드 트래핑

주로 빠르게 이어지는 플레이에 적합하고 수비 압박 회피에 효과적이다. 볼을 멈추지 않고 흐름을 유지할 수 있기 때문이다. 자연스럽게 드리블이나 페이크와 연결되기 때문에 실전에서 상대를 속이거나 빠르게 탈압박을 할 때 효과적이다.

⚽ 무릎 트래핑

공중에서 떨어지는 볼이나 패스를 무릎으로 받아서 멈추거나 제어하는 동작이다. 공중에서 바로 발로 컨트롤하기 어려운 상황에서 효율적으로 쓰인다.

무릎 트래핑은 무릎이라고는 하지만, 실은 무릎 위쪽의 허벅지로 받는다는 것이 포인트다. 이때 무릎의 각도는 45도 정도가 안정적이다. 무릎으로 볼을 제어한다고 해서 너무 번쩍 들거나 특별히 의식하지는 않아야 한다. 몸의 균형을 잃기 쉽고, 잘못하면 볼이 튀어 나가거나 상대에게 쉽게 빼앗길 수 있다.

볼을 띄운 후 두 번째 동작으로 연결하기에도 좋은 동작이다. 예를 들면 가슴 트래핑 → 무릎 트래핑 → 슛으로 이어질 수 있다.

무릎을 들어 볼을 받은 직후 발은 뒤로 빼 줘야 한다. 안정적으로 내 몸 안쪽에 떨어뜨리기 위함이다. 이때도 의식적으로 발을 빼기

무릎을 90도로 든 안 좋은 예

이상적인 무릎 트래핑

보다는 볼의 속도와 강도에 따라 감각적으로 대응해야 한다.

모든 기본기는 오랜 훈련을 통해 자기만의 감각을 키우는 것이 중요하다.

⚽ 가슴 트래핑

공중에서 날아오는 볼을 가슴을 이용해 멈추거나 부드럽게 제어하는 기술로, 공중볼을 안정적으로 컨트롤하는 동작이다. 가슴 트래핑은 상체를 뒤로 젖히는 게 포인트이다. 충격을 흡수하여 튕겨져 나가는 것을 방지하고 무엇보다 볼을 내 몸으로 떨어지게 하기 위함이다.

가슴 트래핑 연습을 시작하면, 처음에는 볼이 너무 튕겨 나갈 수 있다. 그럴 때는 먼저 짧은 거리에서 토스 받기부터 시작하는 것이 좋다. 볼을 받는 위치를 잘 잡지 못해 어깨나 배에 맞는 실수도 자주 일어나는데 꾸준한 연습으로 익숙해져야 한다. 또 볼을 보지 않고 상대 수비를 보거나 다른 방향을 보다가 제어에 실패하기도 한다.

조금 익숙해진 뒤에도 핸드볼 반칙이 되지 않도록 주의해야 한다. 이를 위해서는 상체를 뒤로 젖힌 상태에서 팔을 넓게 벌린다. 처음 연습할 때는 과장되어 벌린다는 느낌으로 연습해도 부족하지 않다. 이때 팔을 벌리라고 하면 양팔을 어정쩡하게 쭉 펼치는 사람도 있는데, 팔꿈치를 벌린다고 생각하면 된다.

이상적인 가슴 트래핑

⊕ 이동 트래핑

트래핑으로 볼을 잡아 놓기만 하면 수비하러 온 상대 선수에게 볼을 빼앗길 확률이 높다. 따라서 상대 선수와 가까이 있을 경우에는 이동 트래핑이 필요하다.

경기 중 볼을 완전히 멈추지 않고, 발 · 허벅지 · 가슴 등을 이용해 부드럽게 컨트롤 하여 다음 동작으로 곧바로 연결하는 동작을 이동 트래핑이라고 한다. 진행 중인 플레이 속도를 유지하면서 자연스럽게 다음 동작으로 이어지기 위한 고급 기술이다.

내가 원하는 자리에 볼을 가져다 둔 후에 차는 것이 아닌, 멈춤과 동시에 바로 움직이는 것으로, 상대가 준비할 시간을 갖지 못하게 한 박자 더 빠르게 움직이는 것이 포인트다.

또 볼을 멈추고 움직이는 게 아니기 때문에, 볼과 몸이 동시에 나가야 한다. 최소한의 시간으로 최대한 빠르게 원하는 곳으로 볼을 가져가기 위함이다.

이동 트래핑을 잘 활용하면 플레이 흐름을 끊지 않고 자연스럽게 볼을 컨트롤 할 수 있고, 수비수의 압박을 피하기에도 용이하다.

디딤발의 중요성

이동 트래핑을 할 때도 디딤발은 반드시 볼을 보내고자 하는 방향으로 내딛어야 한다. 방향을 전환하며 이동하는 경우도 있는데, 이때 역시 내가 가고자 하는 방향으로 디딤발을 틀어서 가야 한다.

축구의 기준은 항상 디딤발이다. 축구는 디딤발이 좋은 사람이 잘할 수 있다고 한다. 선수들이 그라운드에서 언제나 스텝을 밟고 있는 이유 중 하나는 내가 원하는 방향으로 볼을 차기 위해 재빨리 디딤발을 갖다 대기 위해서이다.

훈련 방법

움직이고 있는 볼을 너무 세게 받으면 튕겨져 나가 다음 동작으로 이어질 수 없다. 볼을 부드럽게 제어할 수 있도록 연습하는 것이 먼저다. 또 처음에는 수비하는 선수를 의식하는 것보다 내가 가고자 하는 방향으로 볼을 자유롭게 컨트롤하는 연습을 해야 한다.

이때 중요한 것은, 어디로 갈지 미리 생각해 놓고 볼을 받는 것이다. 시선은 볼과 다음 플레이 방향을 동시에 고려해야 한다. 또 몸의 중심을 낮게 유지해 균형을 잘 잡아야 안정적으로 움직일 수 있다.

아웃사이드 이동 트래핑

측면에서 오는 패스를 아웃사이드로 받아 가속도를 유지하며 컨트롤하는 동작이다. 땅볼로 오는 볼을 아웃사이드 이동 트래핑으로 처리하는 경우에는 몸 안에 볼을 두는 게 핵심이다.

그런데 아직 익숙하지 않은 초보들이라면 떠서 오는 볼을 잡을 때는 아웃사이드를 추천하지 않는다. 가능하기는 하지만, 볼이 잘 가둬지지 않고 어디로 움직일지 모르기 때문에 위험하다.

인사이드 이동 트래핑

달리면서 인사이드로 볼을 받아 드리블 방향으로 부드럽게 이어가는 동작을 말한다. 인사이드 이동 트래핑의 포인트는 디딤발이 향하는 방향으로 체중이 기울어지는 것이다. 올바르게 자세를 취했을 경우, 차는 발은 볼을 누르는 것처럼 보이게 된다.

볼을 한번 잡고 차는 건 투터치(Two Touch)이다. 인사이드 이동 트래핑은 퍼스트 터치(First Touch)만으로 볼을 가져 간다. 볼을 한 번 잡고 가는 것과 볼이 오자마자 한 번에 가는 것의 미세한 차이가 상대수비수들이 준비를 하고 못 하고의 차이를 만든다.

축구 선수들이 볼을 잡은 동료에게 "야 잡아놓지 마, 잡아놓지 마!" 하는 게 바로 그래서다. 골기퍼들 역시 많은 경우, 손가락 마디 하나 차이로 골을 먹는다.

축구에서는 찰나의 순간이 큰 차이를 만든다.

④ 헤딩

축구 경기 중 머리로 볼을 받거나 보내는 것을 의미한다. 헤딩을 할 때는 최대한 마지막까지 눈을 뜨고 있어야 한다. 볼의 위치를 파악하는 것은 물론, 상황 인식을 정확하게 하기 위해서이다. 마음이 급하다고 해서 마중 나가듯이 몸을 앞으로 기울이고 있으면 안 된다.

볼을 맞출 때에는 어깨와 팔을 벌려 균형을 유지하고, 목과 복근에 힘을 주고 상체를 밀어내듯 사용해야 한다. 또 점프 타이밍 연습이 매우 중요한데 미리 뜨거나 늦게 뜨지 않아야 하며 볼에 정확하게 임팩트 하는 것이 중요하다.

헤딩 훈련 시 주의할 점

만10세 이하의 유소년들에게는 헤딩을 권하지 않는다. 성장기의 유소년들은 목뼈가 약하고, 뇌신경을 보호하는 막도 얇기 때문에 반복적인 헤딩 훈련을 할 경우 뇌에 안 좋은 영향을 줄 수 있다는 우려 때문이다.

미국 축구협회는 2015년 만10세 미만 선수들의 헤딩을 전면 금지해, 경기 중에 헤딩을 하면 파울이 되도록 만들었다. 또 잉글랜드 축구협회는 2020년 만12세 미만 선수들의 헤딩 훈련을 금지했다.

안 좋은 예 ←

이상적인 헤딩 자세 →

BALL
FEELIN

G

볼 감각
Ball Feeling

축구를 처음 배우는 입문자에게 꼭 필요한 기초 훈련이다.

볼은 둥글고 탄성이 있기 때문에, 직접 다뤄보면 생각처럼 쉽게 통제되지 않는 것을 느끼게 된다. 이 단계는 볼을 내 것으로 만들고, 내가 원하는 대로 조절할 수 있도록 감각을 익히는 과정이라고 할 수 있다.

볼 컨트롤과 드리블 같은 기술을 익히기 전, 가장 기본이 되는 준비 단계이기도 하다. 축구는 전략과 전술이 중요한 스포츠지만, 결국에는 몸으로 체득한 감각이 바탕이 되어야 비로소 다음 단계로 나아갈 수 있다. 아무리 머릿속으로 이해하고 계획하더라도, 몸이 따라주지 않으면 실전에서는 무용지물이 되기 쉽다.

따라서 반복적이고 꾸준한 기초 훈련을 통해 자신만의 감각을 길러야 한다. 이는 어떤 기술이나 전술보다 우선시되어야 하는, 축구의 가장 본질적인 단계라고 할 수 있다.

여기서는 가장 기초적인 훈련 몇 가지를 소개한다. 동적인 움직임을 글과 사진으로 표현하기에는 한계가 있다. 책에서는 핵심 개념이나 팁을 알려줄 수 있는 구성으로 정리했다.

그런데 이 동작들이 기초적인 것이라고, 몇 번 해보고 잘 된다고, 적당히 하고 넘어가서는 안 된다. 다양한 훈련을 하는 것도 중요하지만, 그 훈련들을 잘하기 위해서라도 볼 감각은 필수다. 중요한 것은 축구 선수의 기본이 될 이 동작들을 얼마나 꾸준하게 연습하여 나만의 감각을 기르고 그것을 완전하게 내 것으로 만들 수 있는가임을 잊지 말자.

드리블에 도움이 되는
볼 감각 훈련

볼을 보면서 볼 컨트롤

지면을 보면서 볼 컨트롤

처음에는 볼을 보며 하다가, 익숙해지면 시선을 두세 발 정도 앞의 지면에 두고 한다. 이후 한 번씩 고개를 들어 정면을 확인하고, 충분히 익숙해지면 좌우도 살피며 상황 인식 훈련으로 확대한다.
인사이드↔인사이드, 아웃사이드↔인사이드 등으로 다양하게 훈련해보자.

인사이드 ←→ 인사이드

발바닥 터치 후 당겨서 좌우 컨트롤 하기

발바닥으로 당겨서 방향을 전환하기

상대 수비를 피해서 원하는 대로 볼을 가져가기 위한 기초적인 훈련이
다. V자로 당기는 것은 물론, ㄴ자로 당기는 것도 가능하다.

발바닥으로 볼을 당기는 것에 익숙해지면 콘을 두고 연습해 본다. 이때 초보들은 발로만 끌어당기려고 하는 경우가 많은데, 볼을 당기면서 몸을 함께 움직이는 것이 중요하다. 또 실제로 앞에 상대 수비수가 있다고 생각하고 실전처럼 움직이며 훈련하도록 한다.

발바닥으로 당겨서 방향전환 - 콘 활용

②

③

드리블 치고 가다가 아웃사이드로 접기

이때는 볼에서 먼 발을 사용해 바로 접을 수 있도록 훈련한다. 드리블을 하다가 한 발을 더 딛거나, 몸을 돌릴 때 망설이는 순간, 동작은 지체되고 리듬도 끊긴다. 정확하고 민첩한 방향 전환이 중요하다. 또 방향이 바뀔 때 볼과 함께 몸도 동시에 틀어져야 한다. 하나의 연속된 흐름처럼 움직여야 상대 수비수에게 예측 당하지 않고 유연하게 돌파할 수 있다.

②

③

슈팅하는 척 페이크 동작 후, 인사이드로 볼의 방향을 바꾸는 훈련도 해 보면 좋다. 볼 감각을 키우고 좋은 움직임을 가져가는 데 도움이 된다.

① 발바닥으로 밟으면서 점프 후 방향전환

③

발바닥으로 볼을 살짝 밟으면서 점프하여 방향을 전환한다.
이때는 디딤발이 반대로 되는데,
몸의 회전과 함께 자연스럽게 교차된다.

④

스텝
Step

① 공격할 때의 스텝

앞서 축구에서는 디딤발이 가장 중요하다고 말했다.

축구를 잘하고 싶은 사람들은 반드시 스텝 훈련을 해야 한다. 그 이유는 디딤발과 관련이 있다. 올바른 스텝을 사용해야 적절한 위치에 디딤발을 둘 수 있기 때문이다. 그라운드 위에서는 언제나 스텝을 밟으며 디딤발을 뻗을 준비를 하고 있어야 한다.

올바른 스텝이 받쳐 준다면 더욱 정교하게 볼을 컨트롤할 수 있게 된다. 쓸데없는 에너지의 분산 없이 정확하고 효율적으로 볼을 차기 위해서도 좋은 스텝은 필수적이다.

또 스텝이 좋으면 균형감도 좋아진다. 방향 전환이나 속도 변화 드리블을 하면서도 중심을 잃지 않게 되는 것이다.

② 수비할 때의 스텝

민첩하고 세밀한 스텝은 수비를 할 때도 도움이 된다. 전진하는 스텝도 있지만, 공격할 때의 스텝과 가장 다른 것은 뒤로 하는 투스텝이다. 주로 상대 공격수가 드리블을 할 때, 수비를 하면서 사용한다.

이때는 효율적으로 움직여, 동선을 최소화하는 것이 중요하다. 예를 들어 상대 공격수가 나의 왼쪽으로 볼을 몰고 가는 경우, 나도 왼쪽 다리부터 백스텝을 밟으며 왼쪽으로 몸을 돌려 따라가야 한다.

이상적인 수비 스텝 방향

②

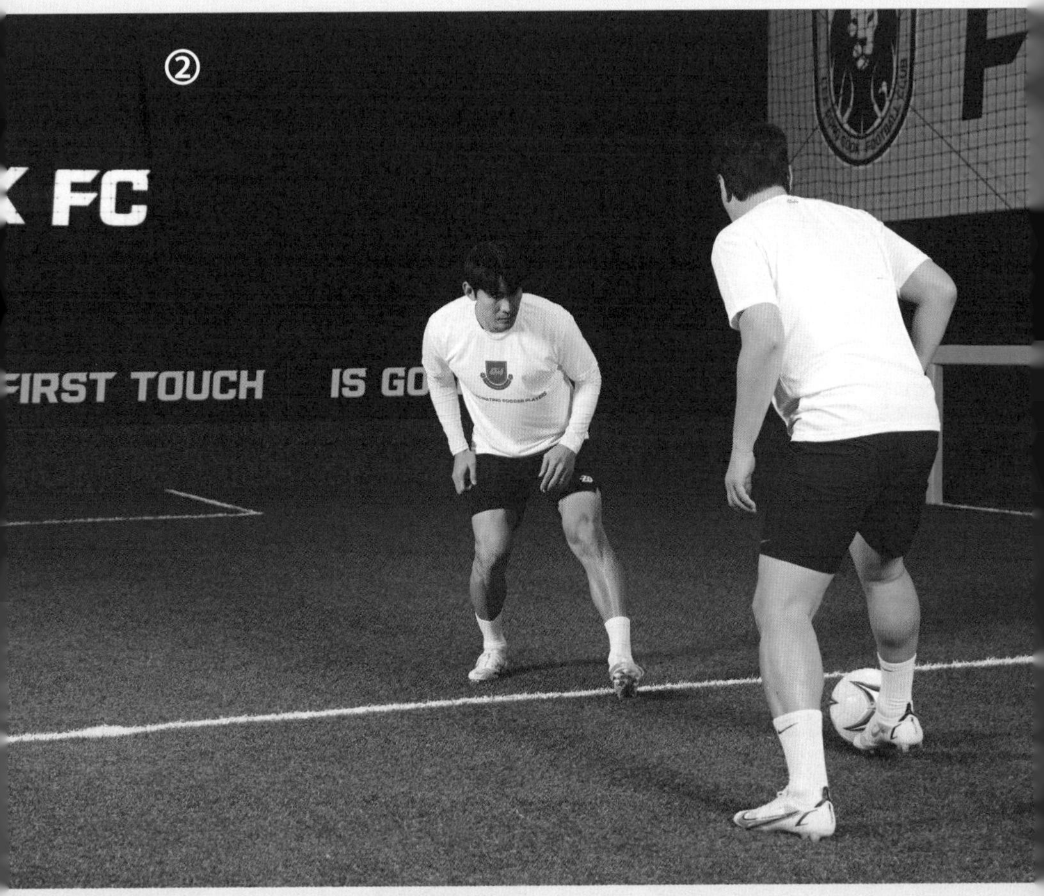

수비에 익숙하지 않은 초보들은 경기 중 순간적으로 상대의 움직임을 파악하는 것이 서툴다. 그래서 공격수가 왼쪽으로 볼을 몰고 가는데, 오른쪽으로 도는 경우도 있다.

수비 스텝 방향의 안 좋은 예

그럴 경우 상대 공격수를 등지게 되고, 볼은 시야에서 벗어난다. 불필요한 움직임으로 수비 시간도 지체된다. 수비를 할 때는 상대 공격수가 드리블을 하는 방향으로 가는 것이 기본이다.

스텝 훈련

축구에서는 잔발이 중요하다. 그런 의미에서 스텝 훈련은 언제나 도움이 된다. 슈팅을 하든 킥을 하든, 축구의 모든 움직임은 준비동작 없이는 불가능한데 이 준비동작이 스텝이라고 할 수 있다.

스텝 훈련을 반복적으로 해야 움직이는 볼에 디딤발을 잘 디딜 수 있게 되고, 빠르고 정확하게 다음 동작으로 변환할 수 있다. 훈련할 때는 사다리 모양의 스텝레더를 추천한다.

양쪽으로 인 아웃

①

②

사이드 피칭

사이드 인 아웃

①

②

뛰어서 사이드 인 아웃

①

②

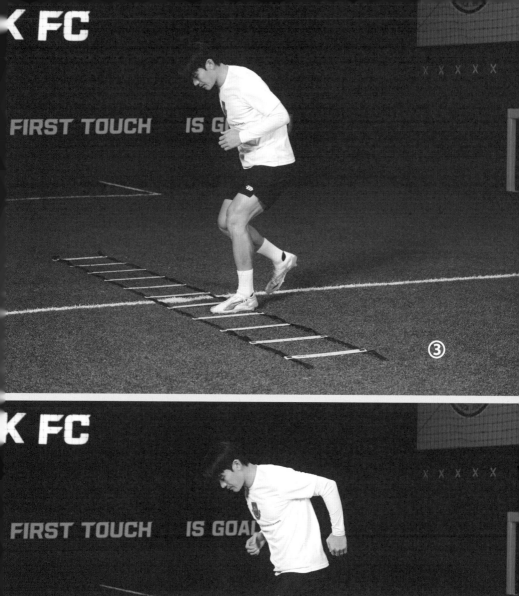

③

④

PASS—

패스
Pass

패스는 축구에서 볼의 이동 수단이라고 보면 된다. 동료와 볼을 주고 받으며 팀이 원하는 방향으로 볼을 이동시키는 것이다. 또 골을 넣기 위해 중요한 필수 조건의 하나이기도 하다.

직접적으로 골을 넣는 기술은 슈팅이지만, 슈팅은 마무리다. 축구는 팀 스포츠이기 때문에 팀원들끼리 주고받는 패스가 연결되지 않으면 슈팅으로 인한 마무리도 불가능하다. 패스 성공률은 팀의 팀워크를 보여주는 지표가 되기도 한다.

저마다 강점이 다르고 여러 가지 유형의 선수가 있지만, 어떤 포지션이든 축구 선수라면 패스는 잘해야 한다. 패스의 정확성과 타이밍은 경기 흐름과 결과에 큰 영향을 끼치기 때문이다.

패스는 단순히 볼을 차서 동료에게 전달하는 행위를 넘어, 경기의 흐름을 조율하고, 득점을 위한 기회를 만드는 핵심 기술이다. 볼을 잃지 않고 팀이 계속 경기를 주도할 수 있게 하고, 상대의 압박을 피하며 빈 공간을 만들어 공격 기회를 마련한다.

또 경기 템포를 빠르게 혹은 천천히 조절하기도 하는데, 좋은 패스는 슈팅 기회를 만들거나 수비 라인을 무너뜨린다.

패스는 주로 볼과 발이 닿는 면적이 가장 넓은 발의 옆면을 이용하는데, 이를 인사이드 패스라고 한다. 닿는 면적이 넓으므로 정확도가 높다. 또 볼을 띄우지 않고 안정적으로 낮게 전달하기에도 좋다. 실수가 가장 적게 나오는 패스가 인사이드 패스이다. 따라서 처음에는 인사이드 패스부터 연습하는 것을 추천한다.

패스가 꼭 짧은 거리에서만 이루어지는 것은 아니다. 중거리 이상에서는 인스텝 패스와 인사이드 패스를 섞어서 사용하고, 먼 거리에서는 패스와 킥을 적절히 섞어 활용한다. 킥은 볼의 가장 빠른 이동 수단이라고 볼 수 있다.

단거리 패스에서는 정확도가 생명이다. 중거리 이상에서 킥으로 패스할 때는 너무 정확하게 차려고 하기 보다는 상대의 수비에 걸리지 않게 볼을 차는 것이 포인트다. 그렇다고 정확하지 않게 차도 된다는 것은 아니다. 관련 내용은 킥 파트에서 다시 배워보자.

스탠딩 패스 훈련

패스 훈련은 팀 동료와 정확하게 볼을 주고받는 연습을 하는 것이 우선이다. 정확도에 집중해야 한다. 기본적으로 5m 간격에서 패스 연습을 시작한다. 볼을 컨트롤하며 능숙하게 패스할 수 있게 되면 조금씩 간격을 넓혀 간다.

중요한 것은 상대 수비의 위치에 따라서 볼을 우리 팀 동료의 왼발에 줘야 할지, 오른발에 줘야 할지를 판단하며 훈련해야 한다는 것이다. 상대가 볼을 뺏으려고 준비하고 있는데, 그쪽으로 볼을 주게 되면 패스는 쉽게 차단된다. 상대 수비와 먼 쪽 발에 패스를 해야 볼을 빼앗길 확률이 줄어드는 것이다. 기본적인 훈련이 끝났다면 상대의 무릎과 발을 보고 판단하며 패스하는 훈련을 해야 하는 이유다.

중거리 이상에서 킥으로 패스할 때는 상대의 수비에 걸리지 않는 공간을 공략하는 것이 더 중요하다. 예를 들어 팀 동료의 오른쪽에 수비가 있을 경우, 가깝지 않더라도 왼쪽 공간에 볼을 차 보내면 동료가 수비보다 빠르게 패스를 받을 가능성이 높아지는 식이다.

동료 선수의 달리기 속도와 볼이 날아가는 시간을 고려해, 이쯤 킥을 하면 충분히 동료가 잡을 수 있겠다고 판단하고 볼을 찰 수 있게끔 꾸준한 훈련이 이루어져야 한다.

서서 주고받는 패스 훈련 모습

상황 인식 패스 훈련

패스로 볼을 받을 때는 주위 상황을 파악하는 것 또한 매우 중요하다. 이를 위해 훈련할 때부터 뒤를 돌아보고 주변을 살피는 연습을 해야 한다. 이를 상황 인식 패스 훈련이라 한다. 경기 중 수비 압박, 동료의 위치, 공간 상황 등을 고려해 최적의 패스를 선택하고 실행하기 위한 훈련이다.

이 훈련이 되어 있지 않으면 경기장에서 자연스럽게 행동을 취하기 어렵다. 뒤에 상대 선수는 없는지 우리 팀 선수가 어디에 위치하고 있는지 등을 살펴보는 연습을 해야 한다.

훈련을 할때는 먼저 시야 확보를 위해 고개를 돌려 주변 상황을 미리 보는 습관을 들이고, 볼을 받기 전에 수비수의 위치와 동료의 움직임 그리고 공간의 여부를 파악해야 한다. 그렇게 상황 인식이 되었으면 짧게 혹은 길게 보낼지, 또는 반대편으로 보낼지 등 최적의 패스를 빠르게 판단 후 정확하게 수행할 수 있도록 한다.

상황 인식 패스 훈련은 경기 상황을 빠르게 파악하고 적절한 판단 하에 패스를 수행하는 능력을 키우는 데 목적이 있다. 즉, 볼을 찰 수 있는 기술이 있더라도 언제, 어디로, 누구에게 패스할지 결정하는 판단력을 기르는 것이다. 그래야 경기에서 실질적인 효과를 발휘할 수 있다.

주위를 살피면서 패스 훈련하는 모습

이동 컨트롤 패스 훈련

경기 중에는 가만히 서서 볼을 주고받는 경우가 별로 없다. 따라서 처음에는 서서 주고받는 연습을 하다가, 점점 함께 뛰면서 패스를 주고받는 연습을 해야 한다. 이때 동료의 발 앞에 갖다 주는 게 아니라 뛰면서 받는다는 것을 감안하고 두세 발 앞에 줘야 한다.

내가 동료에게 주고 싶은 대로 한 번은 왼발, 한 번은 오른발에 패스하는 연습도 중요하다. 상대 수비가 내 동료의 오른쪽에 있을 때는 왼발에, 왼쪽에 있을 때는 오른발에 준다고 생각하며 상대와 먼 쪽에 주는 훈련을 하는 것이다.

또 처음에는 볼이 오면 한번 잡고 패스하다가 나중에는 볼이 오자마자 논스톱으로 패스하는 훈련도 해야 한다. 양쪽 발을 번갈아 가며 쓰는 것도 이에 접목한다.

이동 컨트롤 패스 훈련 모습

패스 인사이드로 받기

다양한 부위로 패스를 받는 훈련

패스 인스텝으로 받기

패스 무릎으로 받기

패스 헤딩으로 받기

삼각 패스 훈련

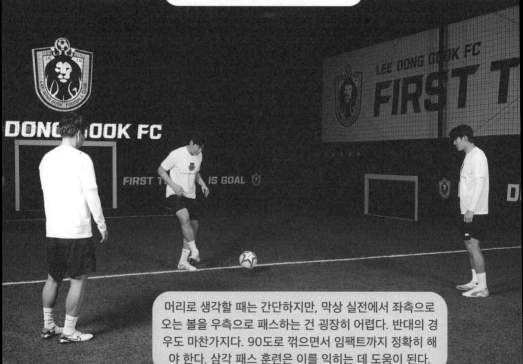

머리로 생각할 때는 간단하지만, 막상 실전에서 좌측으로 오는 볼을 우측으로 패스하는 건 굉장히 어렵다. 반대의 경우도 마찬가지다. 90도로 꺾으면서 임팩트까지 정확히 해야 한다. 삼각 패스 훈련은 이를 익히는 데 도움이 된다.

기본적인 훈련이지만, 그렇기에 소홀히 해서는 안 된다.
어려운 패스를 잘하고 공간을 넓게 쓸 줄 알면
경쟁력 있는 선수가 될 수 있다.

DRIBB

드리블
Dribble

드리블은 볼을 내 몸과 하나가 되어 움직이게 하는 수단이다. 경기를 하다 보면 패스를 줄 데가 없을 수도 있고, 개인플레이로 볼을 소유하며 공간을 개척해야 할 수도 있다. 이때 필요한 능력이 드리블이다.

축구에서 좋은 드리블은 상대 선수를 효과적으로 제치거나 공간을 만들어 내는 능숙한 볼 컨트롤 기술을 말하는데, 이런 드리블을 잘하기 위해서는 무엇보다 유연성과 균형 감각을 키워야 한다.

좋은 드리블에는 크게 다섯 가지 요소가 포함된다.

첫째, 정확한 볼 컨트롤

볼을 발에서 너무 멀리 떨어뜨리지 않고 가까이 유지하며, 필요할 때 빠르게 방향을 전환할 수 있어야 한다.

이상적인 드리블

안 좋은 예

초보들은 드리블을 할 때 코발로 툭툭 차고 다니곤 하는데, 그러면 볼이 앞으로 확 튕겨져 나간다. 이상적인 드리블은 볼을 치고 난 후에도 볼이 내 몸 안쪽에 있도록 하는 것이다. 볼을 차고 다니는 게 아니라 볼을 밀듯이 가지고 다니는 것이 드리블이다.

둘째, 속도와 민첩성

빠른 발놀림과 순간적인 가속으로 상대 선수를 혼란스럽게 만들어야 한다.

드리블을 할 때는 '인사이드 ↔ 아웃사이드'를 많이 쓴다. 지그재그로 방향을 전환해 가며 볼을 밀고 나가야 하기 때문이다. 인사이드만 쓰거나 아웃사이드만 쓰는 경우는 많지 않다.

인스텝은 보통 퍼스트 터치에서만 사용한다. '치달(치고 달리기)' 같은 경우에도 인스텝처럼 보이지만, 사실 미세하게 중앙보다 인사이드거나 아웃사이드이다.

'인사이드 ↔ 아웃사이드'여도 드리블을 할 때는 발의 중앙 부근이 아니라 엄지발가락과 새끼발가락 쪽을 주로 사용한다. 발의 중앙 부근은 넓은 면적을 필요로 할 때, 즉 패스를 할 때 사용한다.

인사이드

아웃사이드

스텝이 중요한 것은 드리블에서도 보인다. 좋은 스텝을 밟고 있어야 드리블을 할 때 방향 전환을 민첩하게 할 수 있다.

셋째, 창의성과 예측 불가성

단순한 방향 전환 외에도 상대를 속일 수 있는 페인트 동작, 스킬 무브 등을 사용해 수비를 뚫어야 한다.

넷째, 상황 인식

상대 수비수의 무게중심이 어디에 있는지 빠르게 파악하고, 내가 볼을 어느 쪽으로 몰고 가야 유리한지를 캐치해야 한다.

그뿐 아니라 동료 선수의 위치, 전개 가능한 공간도 인식하여 적절한 타이밍에 드리블을 시도해야 한다.

다섯째, 효율성

불필요하게 볼을 오래 끌지 않고, 드리블 후 팀에 이득을 줄 수 있는 플레이(패스, 슛, 공간 창출 등)로 연결해야 한다.

① 팬텀

드리블 중 상대 선수가 볼을 뺏으려고 발을 뻗을 경우,
순간적인 발 놀림으로 인사이드를 활용해
ㄴ자로 볼을 빼돌리는 기술이다.

②

③

이때, ㄴ자는 선수 기준이다.

④

페인팅
Feint

페인팅이란 상대를 속이는 기술이다. 크게 보면 드리블의 일부다. 보통 드리블을 할 때 상대 수비가 있으면 이를 제치기 위해 페인팅을 첨가한다. 상대 수비의 역동작을 일으켜, 반응이 늦어지게 만드는 것이다.

바디페인팅 뿐만 아니라 스피드의 변화로 페인팅을 하기도 하고, 일명 '헛다리'라고도 하는 스텝오버로 상대를 속이기도 한다.

페인팅에서 가장 중요한 점은 속이는 방향으로 몸이 완전히 치우쳐져야 한다는 것이다. 흉내를 내듯 몸을 약간만 기울여 봤자 상대는 속지 않는다.

페인팅을 잘하기 위해서는 많은 훈련이 필요하다. 이를 위해 보통 콘을 활용한다.

콘을 활용한 바디 페인팅 훈련 예시

KICK—

—SH

OOTING

킥
Kick

① 킥

킥은 발로 볼을 차는 기술이다. 스윙의 크기와 스피드로 거리를 조정하고, 볼에 맞는 부위에 따라 회전이 걸리는 유무와 구질이 달라진다.

멈춰 있는 볼을 찰 때는 볼의 옆쪽에 디딤발을 위치하는 것이 크게 어렵지 않다. 하지만 굴러가는 볼을 옆에 놓고 차려고 하면 타이밍을 맞추기가 어렵다. 결국, 움직이고 있는 볼의 속도와 거리를 계산해서 볼이 몸 앞쪽에 있을 때 차야 한다.

킥은 임팩트가 중요하다. 아무리 하체 근력이 좋아도 임팩트가 좋지 않으면 좋은 킥을 할 수 없다. 이때 볼은 최대한 감기지 않아야 한다. 볼이 감겨버리면 방향이 달라져서 원하는 대로 볼을 보낼 수 없기 때문이다.

킥 훈련을 시작할 때, 처음부터 너무 강하게 차려고 하기보다는 정확성을 높이는 데에 집중하는 것이 좋다. 그냥 볼을 차는 건 아무나 한다. 결국 정확도에 따라 선수의 수준이 달라진다.

처음에는 약하게 차면서 내가 의도한 대로 정확하게 볼이 가는지에 집중한다. 그러다 볼을 열 번 찼을 때 일고여덟 개가 내가 원하는 방향과 원하는 높이로 간다면, 그때 조금 더 먼 거리에서 세게 차는 연습을 하는 것이 좋다. 맹목적으로 볼만 차는 게 아니라 나만의 감각을 익히면서 찬다는 걸 잊지 말아야 한다.

한번 내가 원하는 대로 정확하게 볼이 나갔다면, 그때의 감각을 생각하면서 언제든 그렇게 찰 수 있게 만들어야 한다. 이렇게 훈련을 해야 좋은 성과가 나온다. 특히 감각은 꾸준히 연습하지 않으면 잃게 되기 때문에 꾸준한 연습만이 답이다.

⚽ 인프런트 킥

인프런트는 발 안쪽 엄지발가락 뿌리 부근을 의미한다. 이 부위에 정확하게 맞추면 볼은 빠르고 직선으로 날아간다.

초보들이 인사이드와 인프런트를 헷갈려 하는 경우가 있는데, 볼에 닿는 면적을 생각하면 이해하기가 쉽다.

NG GOOK FC

FIRST TOUCI

넓은 면적을 사용하는 인사이드는 정확도가 높으니 주로 패스에 많이 사용하고, 좁은 면적을 사용하는 인프런트는 멀리 강하게 차야 하는 킥에 적합하다. 슈팅, 롱패스, 골킥 등 거리와 파워가 필요한 상황에서 주로 사용하는 편이다.

물론 인사이드로도 킥을 할 수 있고, 인프런트로도 패스를 할 수는 있다.

인프런트 킥을 할 때는 몸의 중심을 약간 앞으로 기울여야 볼이 떠오르지 않고 낮게 날아간다. 또 인사이드 패스를 할 때보다 디딤발을 좀 더 멀리 두는 것을 추천한다.

⚽ 인스텝 킥

발등으로 볼을 정확히 차는 기술로 축구 선수가 볼을 가장 멀리 보낼 수 있는 킥이다. 대체로 선수들이 멀리, 강하게 볼을 차야 할 때 사용하는데 슈팅, 롱패스, 프리킥, 골킥에서 주로 사용한다.

킥의 자세와 간격

좋은 인스텝 킥을 할 때는 몸이 약간 기울어 진다. 곧게 서 있다가 발등으로 차기는 어렵기 때문이다. 백스윙을 크게 해야 아크가 커지면서 볼이 더 세게 날아가고, 그러기 위해서는 체중이 디딤발 쪽으로 쏠리며 자연스레 몸도 사선이 된다.

인프런트 킥 임팩트 부위

인스텝 킥 역시 볼의 밑부분을 임팩트해야 하기 때문에, 올바르게 킥을 하다 보면 발이 땅을 스치듯이 지나가는 걸 느낄 수 있다.

팔의 활용

인스텝 킥으로 볼을 찰 때는 자연스럽게 팔을 활용한다. 팔을 사용해서 반동을 주는 건데, 그렇게 하지 않으면 강하게 찰 수가 없다. 축구에서는 하체 못지않게 상체도 잘 써야 한다.

⚽ 인사이드 감아차기

인사이드 감아차기는 회전을 이용해야 하기 때문에 다른 킥보다 조금 더 사선에서 위치한다. 볼을 차고 몸이 안쪽으로 돌면서 발이 따라오는데, 발의 피니쉬는 볼이 가는 방향과 같아진다.

감아차기는 직접적으로 볼을 통과시킬 수 없는 상황일 때, 상대방을 피해서 또는 골키퍼의 손을 피해서 차기 위해 사용하는 경우가 많다. 킥뿐만 아니라 코너킥, 프리킥이나 패스를 할 때도 인사이드 감아차기를 하는데, 이는 각을 많이 만들어야 하기 때문이다.

감아차기 역시 킥이기 때문에 임팩트 위치는 볼의 밑부분이다. 직선으로 보내는 킥과 감아차기는, 볼의 어디를 맞추느냐가 아니라 임팩트하는 발의 어느 부분으로 차느냐에 의해 구분된다.

이상적인 인스텝 킥 자세

볼이 닿는 면적

다른 킥은 임팩트 부위만 맞추면 되지만, 인사이드 감아차기는 볼이 발에 닿는 면적이 더 넓다. 차는 발의 엄지발가락 뿌리 부분에서 시작해서 인사이드까지 이어지도록 해야 한다.

볼이 발의 측면을 타고 간다고 생각하면 이해하기 쉽다. 그러기 위해서는 인사이드 패스를 할 때처럼 볼을 띄우듯이 차는 연습부터 하는 것을 추천한다.

인사이드 감아차기의 특징

앞서 언급했듯 인사이드 패스는 정확도가 놓고 안정적이다. 인스텝 킥은 멀리 보낼 수 있지만 정확성은 조금 떨어진다. 인사이드 패스와 인스텝 킥의 사이, 그 절충안은 인사이드 감아차기다. 정확성을 요하면서도 멀리 찰 수 있어서 좋다.

이때 볼을 더 정밀하게 보내기 위해서는 발끝을 하늘을 향해 들어준다. 초보들은 이를 인식하기만 해도 감아차기의 성공률을 어느 정도 높일 수 있다.

감아차기를 할 때
볼이 닿는 부위

137

인사이드 패스 위치

> **TIP**
>
> 볼과 선수의 거리가 아니라
> 서 있는 각도에 따라 구분된다.

인스텝 킥 위치

인사이드 감아차기 위치

LEE DONG GOOK FC

GOAL    FIRST TOUCH   IS GOAL

슈팅
Shooting

슈팅에 대하여

슈팅은 상대 골키퍼가 잡기 어렵게 볼을 차 골을 넣는 것이다. 슈팅을 제외하고 필드에서 볼을 찰 때는 대부분 팀 동료가 받기 좋게 볼을 보내야 한다. 패스, 킥 등이 그런 경우다. 하지만 슈팅은 상대가 받기 어렵게 차 상대팀의 골대에 골을 넣는 것이다.

슈팅은 크게 보면 킥과 비슷하다. 그러나 허리를 좀 더 숙이고, 슈팅한 후에 몸이 볼이 간 방향으로 함께 나간다는 차이점이 있다. 슈팅 훈련을 할 때, 훌라후프를 이용해 이 감각을 익히는 것도 도움이 된다. 제대로 슈팅을 하면 자연스럽게 볼을 찬 발이 훌라후프 안에 들어가게 된다.

킥을 할 때보다 허리를 더 숙이는 이유는 볼이 뜨지 않게 하기 위해서이다. 상체를 들고 있을수록 볼이 위로 뜨는데, 골대의 높이는

훌라후프를 활용한 훈련 모습

정해져 있기 때문에 득점을 노리는 슈팅에서는 낮고 정확한 궤적이 중요하다.

한 발 정도 앞에 훌라후프를 두고, 볼이 있다고 상상하며 실전처럼 슈팅 훈련을 하면 볼이 지나치게 뜨는 걸 방지할 수 있다. 또 슈팅 연습이 제대로 이루어지면, 의식하지 않아도 볼을 찬 발이 훌라후프 안에 들어간다.

⚽ 슈팅 노하우

좋은 트래핑

"좋은 트래핑이 골의 시작이다"라는 말이 있다. 첫 트래핑이 좋지 않으면 제대로 된 슈팅을 할 수가 없다.

특히 결정적인 상황이라면, 공격수 주변에는 상대 수비가 여러 명 있을 것이다. 이럴 때 트래핑을 제대로 하지 못해 볼이 튕겨져 나간다면, 골 찬스는 사라진다. 동료들과 함께 어렵게 만든 기회가 한 번의 터치로 바로 사라질 수도 있는 것이다.

결국 트래핑이 좋지 않으면, 공격수도 좋은 슈팅의 기회를 잡을 수 없다.

디딤발

슈팅은 대체로 볼이 멈춰 있는 상태가 아니라 굴러가는 상태에서 한다. 따라서 스텝을 활용해 굴러가는 볼의 앞쪽에 재빨리 디딤발을 가져가야 한다. 좋은 공격수가 되기 위해서는 드리블을 하면서 슈팅할 수 있는 능력도 필요하다.

임팩트 타이밍과 강도

볼을 차는 타이밍도 중요하다. 날아온 볼이 떨어질 때, 지면과 최대한 가까울 때 슈팅해야 뜨지 않고 앞으로 간다. 볼이 공중에 높이 떠 있을 때 찰 경우, 위로 붕 떠버린다.

슈팅 역시 처음부터 강하게 차기보다는 약하더라도 정확하게 차는 연습이 먼저다. 골대 안으로 향하는 슈팅을 유효슈팅이라고 하는데, 강하게 차는 것보다 정확하게 차는 것이 유효슈팅을 만들 확률이 높다. 특히 페널티 박스 안이라면 더욱 그렇다. 강한 슈팅이라고 2점을 주는 것도 아니니까.

유니폼을 걸어놓거나 콘을 세워두고 타깃을 맞추는 연습을 하는 것도 도움이 된다. 결국 내가 원하는 지점을 정해놓고, 그 곳으로 정확하게 볼을 차는 연습을 하는 게 핵심이다.

골키퍼가 막기 어려운 슈팅

상대가 막기 어려운 슈팅은 주로 골대의 사각지대로 오는 볼이다. 그래서 선수들은 평소 슈팅 연습을 할 때 이쪽으로 넣는 연습을 많이 한다. 이 지점들에 옷을 걸어놓고 맞히는 훈련을 하는 경우도 있다. 그 외에 땅볼과 바운드 된 볼 등도 상대가 막기 어려운 볼이다.

공격수가 골문 앞에서 트래핑을 해놓는 순간 골키퍼는 어느 정도 슈팅의 방향을 예측하고 준비할 수 있다. 그래서 골키퍼들은 논스톱 슈팅을 막기 어려워 한다. 공격수들이 이 슈팅을 많이 연습해야 하는 이유다. 논스톱 슈팅의 예로 발리슛을 들 수 있다.

하지만 논스톱 슈팅은 키커에게도 어렵다는 것이 특징이다. 꼭 논스톱이 아니더라도 볼을 잡아놓고 얼마나 빠른 타이밍에 슈팅을 할 수 있는지가 선수의 레벨을 가르기도 한다. 차는 선수가 어려운 자세에서 슈팅할수록 골키퍼도 막기 힘들다는 걸 기억해야 한다. 볼을 잡아놓고 편하게 슈팅을 하려고 하면 차는 족족 막힐 것이다.

⚽ 슈팅의 종류

터닝슛

골대를 등지고 있거나 시선이 골대를 향하지 못한 상태에서, 볼이 왔을 때 순간적으로 몸을 돌리면서 하는 슈팅이다. 현실적으로 주로

145

페널티 박스 근처에서 이루어지며, 이때도 디딤발은 엄지발가락이 골대 쪽으로 향해야 한다.

터닝슛의 정확도를 높이기 위해서는 경기장에서 항상 나의 위치를 파악하는 것부터 훈련해야 한다. 페널티 박스나 골대의 위치는 어느 경기장이든 똑같다. 그러므로 골대를 등지고 있어도, 골대를 확인하지 않고도, 경기장에 그려진 라인만 보고도 내가 어디쯤 서 있는지 인지할 수 있어야 하는 것이다.

축구 경기를 보면 어떻게 골대를 보지 않고도 저렇게 쉽게 골을 넣나 싶은 장면이 있을 것이다. 운이 아니라 선수의 반복된 훈련의 결과다.

헤딩슛

헤딩슛은 볼을 머리로 맞춰 슈팅하는 것이다. 점프 헤딩슛의 경우 디딤발만 짚어 점프하는 것을 추천한다. 오른쪽에서 날아오면 오른발로, 왼쪽에서 날아오면 왼발로 점프하는 것이 좋다.

발리슛

떠 있는 볼을 슈팅하는 걸 발리슛이라고 한다. 볼이 허리 높이 이상으로 떠 있을 때는 아무리 점프를 해도 슈팅하기 힘들다. 이럴 때 발리슛을 한다.

발리슛은 몸을 완전히 옆으로 젖히면서 다리가 올라가 볼을 차는 슈팅이다. 최대한 자세를 낮추고, 반드시 위에서 밑으로 차야 한다. 발을 밑에서 위로 차면 볼을 걷어내는 것 밖에 안 된다.

볼이 공중에 멈춰 있는 게 아니라 날아오는 상태이기 때문에 빨리 움직여서 낙하 지점을 찾는 게 중요하다. 이 감각을 익히는 게 가장 어렵다.

패스와 슈팅 훈련을 접목한
훈련 프로그램

패스로 오는 볼을 받아서 반대 방향으로 논스톱 슈팅하는 훈련이다.
잡아놓고 차는 게 아니라 한 번에 슈팅하는 것이 포인트이다. 중요한
찬스에서 헛발질을 하지 않기 위해서는 이 훈련이 반드시 필요하다.

DEFEN
STRAT

SIVE
EGY—

수비 방법
Defensive Strategy

    수비는 상대의 공격 전개를 방해하는 행위이다. 축구에서의 수비는 반드시 볼을 빼앗는 것만을 의미하지는 않는다.

    수비수들 사이에는 '상대가 백패스만 해도 이긴 거다'라는 말이 있다. 상대 공격수에게 부담을 주고 지연하는 것도 좋은 수비이다. 지연하는 것은 특히 역습 상황에서 많이 필요하다. 우리 편 선수들이 가세할 수 있을 때까지 볼을 붙들어 놔야 한다.

    축구에는 크게 실수를 유도하는 수비와 도전하는 수비, 두 가지 유형이 있다. 실수를 유도하는 수비의 경우 미리 예측하는 게 아니라 상대 선수의 움직임을 침착하게 포착해야 한다. 이때는 상대 선수와의 간격 유지가 중요하다. 한 번에 볼을 뺏으려고 덤벼들지 말고 상황을 봐야 한다. 멀리서부터 뺏으려고 달려들면 상대 입장에선 오히려 제치기 쉽다. 적절한 거리를 유지하고 있어야 반응도 빠르고, 상대방에게 심리적인 압박도 줄 수 있다. 기본적으로 한 발에서 한 발 반 정도 뻗으면 닿을 수 있는 거리를 추천한다. 물론 상대 선수의 스피드에 따라 세밀하게 조정한다.

반면 도전하는 수비는 상대 선수의 움직임을 예측해서 인터셉트해 클리어하는 방식이다. 이런 수비는 효과가 큰 만큼 치명적인 실수를 할 위험도 높다. 잘못될 경우 커버할 능력까지 갖춘 상태에서만 시도하기를 권한다.

두 가지 수비 유형 중 뭐가 정답이라고 말할 수는 없으나, 통계상으로는 상대방의 공격 전개를 지연하며 실수를 유도하는 수비의 클리어 확률이 높았다. 따라서 처음 수비를 배우는 단계에서는 지연하며 실수를 유도하는 방법을 익히는 것이 도움이 될 것이다. 경기를 거듭하고 실력을 키운 뒤에는 어떤 스타일을 취할지 본인의 선택에 달려 있다.

역동적으로 움직이는 경기장에서는 상대 선수와의 간격만이 아니라 우리 수비수들끼리의 간격 유지도 중요하다. 상대방이 파고들 빈틈을 주지 않기 위해서이다.

좋은 수비는 공격의 흐름을 우리 편으로 가져온다.

수비를 할 때는 45도 정도 측면으로 서서 무게중심을 뒤쪽에 둔다. 공격할 때는 무게중심이 100% 앞쪽에 가 있지만, 수비할 때는 앞쪽에 약 30% 뒤쪽에 약 70% 정도로 두는 게 이상적이다.

이상적인 수비 자세

상대 공격수가 볼을 찼을 때 언제든지 따라갈 수 있게끔 하는 것이다.

수비 자세의 안 좋은 예

한 발을 뻗었을 때 볼에 닿을 수 있는 정도의 거리에 서는 게 이상적이
다. 좋은 간격을 유지하면 기술을 걸기도 하는데, 초보 단계에서는 간
격 유지까지만 익혀도 괜찮다.

이상적인 수비 간격

태클
Tackle

태클은 상대 선수의 볼을 빼앗거나 차단하는 기술이다. 좋은 타이밍에 쓴다면 효과가 큰 수비 기술임은 분명하지만, 태클은 수비수들이 선택의 여지가 없을 때, 매우 신중하게 시도해야 하는 기술이다.

태클을 시도했다가 실패할 경우, 그 즉시 팀은 수적 열세에 처한다. 긴박한 상황에서 큰 손실이 발생하는 것이다. 또 무리하게 태클을 시도하다 경고를 받는다면 상대에게 페널티킥을 허용하게 될 수도 있다.

태클은 상대를 다치게 할 수 있을 뿐만 아니라 내가 다칠 수도 있다. 따라갈 수 있을 땐 따라가며 압박하기를 권한다. 다르게 수비할 수 있는데 굳이 태클을 하는 것은 위험하다.

이상적인 태클 자세

발끝이 들린 안 좋은 예

CONDIT
EXERC

IONING
ISES—

보강운동
Conditioning Exercises

어떤 운동을 하든 체력 증진과 근력 강화를 위해 보강운동은 필수적이다. 축구 역시 마찬가지다. 축구는 타고난 1~2%의 천재들만의 스포츠가 아니다. 꾸준한 보강운동이 뒷받침된다면 드넓은 경기장에서 그동안 내가 준비한 각종 기술들을 최대한 실수 없이 구현할 수 있다. 또 누구보다 더 많이 더 빨리 뛸 수 있는 지름길이기도 하다.

보강운동은 부상을 방지하고, 부상을 당했을 때 빠르게 회복하는 데에도 도움을 준다. 운동선수로서 건강한 모습으로 오랫동안 활약하고 싶다면 그 어떤 훈련보다도 중요한 운동이라고 할 수 있다.

그런데 이 운동의 성과는 바로바로 나타나지 않는다. 지루하고 힘든 동작을 반복해야 하는 운동이기도 하다. 이런 이유로 보강운동을 등한시하는 경우가 많다. 프로 선수들 역시 모두가 성실하게 하는

166

것은 아니다. 그런데 이 운동의 결과는 반드시 나타난다. 경기장에서 또 선수 생명 전체에서.

자신의 부족한 점을 보완하고, 훈련과 경기에 앞서 자신의 몸을 잘 단련하는 선수는 반드시 빛을 보게 되어 있다. 우리는 긴 프로 선수 활동을 지나오며 수없이 목격했다. 꾸준하게 오래가는 선수는 이런 운동이 일상에 자리 잡고 있었다. 화려한 기술들도 중요하지만, 지루하고 단조로운 이 운동의 힘이 얼마나 큰지, 보다 많은 사람들이 알기를 바란다.

책에서는 어디서든 간단하게 할 수 있는 보강운동 몇 가지를 소개한다. 크게 어려운 동작은 없을 것이다. 하지만 이 운동이 빛을 발하기 위해서는 지속적으로 꾸준하게 해야 한다는 점을 기억하면 좋겠다.

또한 전문적으로 운동을 하는 선수가 아닌, 동호회 활동을 하는 분들도 이 동작들을 꾸준히 해 보기를 권한다. 취미로 운동을 하는 사람들은 평소 근력 훈련이 잘되어 있지 않으므로 경기나 훈련 중 오히려 부상 위험이 더 크다. 하지만 이런 운동을 평소에도 꾸준히 해 준다면 부상 방지에 큰 도움이 될 것이다.

또 어떤 기술을 연마하는 것보다 빠르게 실력이 업그레이드될 수도 있다. 체력이 좋아지고 근력이 강화된다면 내가 배우고 연습한 기술들의 성공률은 실전에서 무조건 높아지게 되어 있다.

① 밴드 훈련

밴드 훈련은 가장 기본적이면서도 효과적인 보강운동 중 하나다. 휴대가 간편해 언제 어디서나 활용할 수 있다는 것이 큰 장점이다. 축구장이나 훈련장이 아니더라도, 집에서 침대나 소파 밑처럼 단단히 고정된 구조물을 이용해 간단하게 따라할 수 있다.

밴드로 하는 운동들은 대부분 잔근육을 강화시키는 것이다. 그런데 축구에서는 잔근육이 매우 중요하다. 밴드를 활용해서 할 수 있는 다양한 운동을 알아보자.

발목 운동

밴드를 발목에 걸고, 저항을 느끼면서 반대 방향으로 천천히 발을 당긴다. 발목 바깥쪽을 자극한 후에는 안쪽도 자극해 주며 번갈아 가며 훈련한다. 순서는 크게 중요하지 않다.

종아리 운동

종아리 근육을 자극하고 이완할 때는 발끝에 밴드를 걸어준다. 이때도 마찬가지로, 저항을 느끼며 발을 앞뒤로 천천히 당겼다가 되돌리는 동작을 반복한다. 종아리는 축구를 할 때 뿐만 아니라 일상생활에서도 가장 많이 사용하는 근육인 만큼 어릴 때부터 보강해 주는 것이 좋다. 그러나 성인들의 경우 오버 트레이닝을 하면 종아리 부상이 생길 수 있어 조심해야 한다.

발목의 바깥쪽을 자극하는 운동

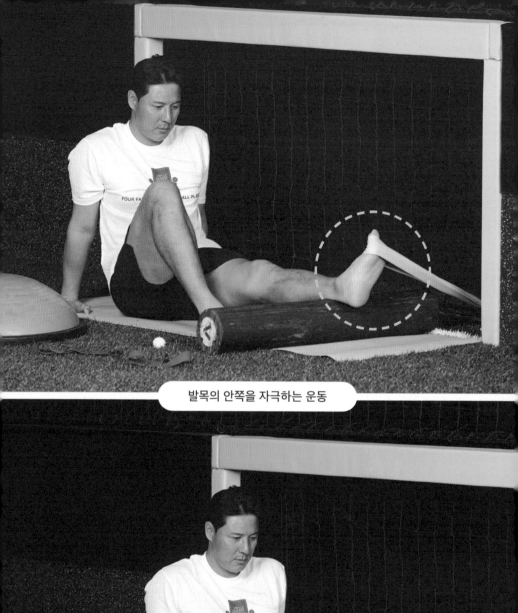

발목의 안쪽을 자극하는 운동

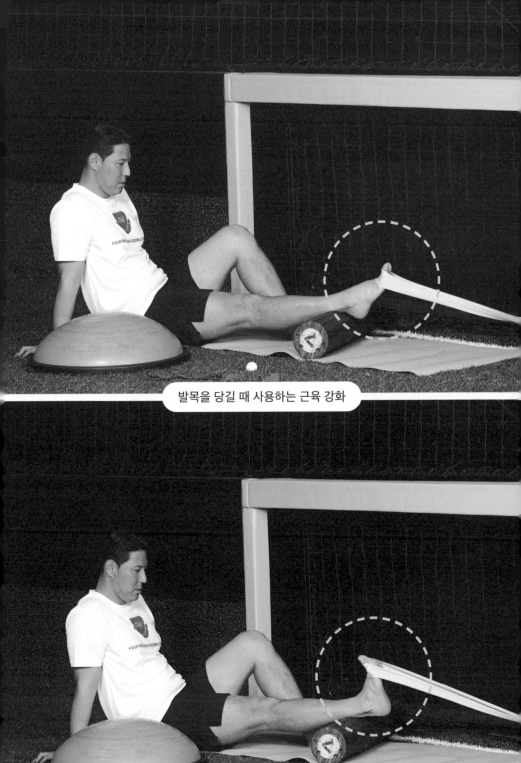

발목을 당길 때 사용하는 근육 강화

맨몸 종아리 운동

밴드가 없어도 종아리 근육을 단련할 수 있는 맨몸 운동이 있다. 벽이나 난간처럼 손으로 가볍게 짚을 수 있는 지지대만 있다면 충분하다.

한쪽 다리를 들어 올린 뒤, 다른 발의 뒤꿈치를 천천히 들어 발끝으로 몸을 지탱한다. 발이 가장 높이 올라간 위치에서 잠시 정지하

며 종아리 근육의 수축을 느끼고, 천천히 원위치로 내려온다. 이후 반대쪽도 같은 방식으로 반복한다.

무릎을 살짝 굽힌 상태에서 같은 동작을 수행하면, 종아리 뿐만 아니라 발목까지 함께 자극할 수 있다. 이때 중요한 것은 상체가 들리는 것이 아니라, 발목을 이용해 몸을 들어올린다는 점이다.

맨몸 발목 + 종아리 운동

고관절 운동

밴드를 발목 바깥쪽에 감싼 상태로, 밴드 안쪽에 들어가 선다. 이 상태에서 장요근과 내전근의 자극을 느끼며, 다리를 천천히 들어 고관절이 약 90도로 굽혀질 때까지 올렸다가 내린다.

이때, 다리는 몸의 정면을 유지한 채 들어올려야 하며, 오직 고관

절의 힘으로만 움직여야 한다. 힘이 들어서 허리나 상체를 비틀어 움직이는 경우가 있는데, 그러면 운동 효과가 떨어지므로 주의한다.

바깥쪽(아웃사이드) 근육을 단련한 뒤에는, 밴드를 발목 안쪽에 감아 반대 방향(인사이드)도 단련할 수 있도록 한다. 고관절 주변 근육을 균형적으로 강화할 수 있다.

밴드를 활용한 고관절 운동
(인사이드)

밴드를 활용한 고관절 운동(아웃사이드)

TIP

이런 운동을 거듭하면 뛰는 자세가 좋아지고, 발을 제자리에 더 쉽게 가져올 수 있게 되어 달리는 속도가 빨라진다.

밴드를 활용한 인사이드 패스 훈련

앞서 패스를 할 때는 주로 인사이드를 활용한다고 했다. 그런데 밴드 운동을 통해 인사이드 패스를 스스로 원하는 대로 보다 쉽게 제어할 수 있도록 업그레이드할 수 있다.

먼저 디딤발을 단단하게 고정하고, 차는 발의 발바닥 밑에 밴드를 걸어준다. 그리고 인사이드 패스를 하듯 발을 당기며 차는 것이다. 맨몸으로 할 때보다 훨씬 효율적인 훈련이 가능하다.

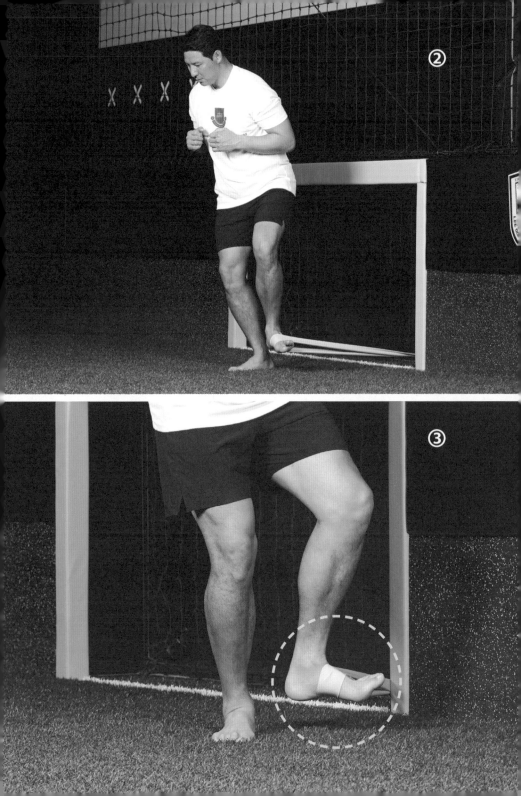

밴드를 활용한 인스텝 킥 훈련

항상 직접 볼을 차면서 킥 훈련을 할 수만은 없다. 이럴 때 밴드로 인스텝 킥을 훈련하는 것은 부상의 위험 없이 연습량을 보완할 수 있는 방법이 된다.

밴드의 저항감으로 인해 동작이 천천히, 정교하게 진행되기 때문에 킥하는 자세의 디딤발, 골반의 회전, 무릎의 각도 등을 더욱 감각

적으로 인식할 수 있다. 또한 잘못된 자세를 교정하는 데에도 도움
이 된다.

이때 중요한 것은 진짜로 킥을 한다고 생각하고 동작에 임하는 것
이다. 그렇게 훈련할 경우 밴드가 늘어났다 줄어들면서 근육을 쓰는
타이밍 역시 자연스럽게 체득할 수 있다.

밴드만을 활용한 강화 훈련

밴드를 구조물에 묶기도 곤란한 경우가 있다. 어디에도 고정할 곳이 없을 때 밴드만으로 보강운동을 할 수 있는 방법도 소개한다.

대표적으로 밴드를 발목에 걸고 좌우로 이동하는 동작을 반복하는 방법이 있는데, 이때 속도보다는 근육의 자극과 컨트롤에 집중하

밴드를 하나 활용한 동작

는 것이 중요하다. 동작을 빠르게 하느라 근육에 충분히 힘을 주지 않으면 효과가 떨어진다.

만약 좀 더 강한 자극을 주고 싶다면, 밴드를 두 개 활용하면 된다. 하나는 무릎 위쪽에 걸고, 하나는 발목에 걸어 진행하는 것이다.

밴드를 두 개 활용한 동작

② 밸런스 보드 훈련

밸런스 보드는 무릎과 허벅지, 코어 근육과 균형 감각을 종합적으로 강화할 수 있는 보강운동의 핵심 도구이다. 특별히 의도하지 않더라도 효과적으로 온몸을 다 쓰게 하는 도구이다.

축구는 비틀거나 점프 후 착지, 방향을 전환하는 등 액티비티한 동작이 많이 사용된다. 체중이 무너지면서도 슈팅을 하거나 몸싸움

을 해야 하는 순간도 많다.

그런데 밸런스 보드 위에서 이와 같은 동작들을 훈련하면 자연스럽게 복부, 엉덩이, 고관절 근육까지 골고루 힘을 주게 된다.

또한 디딤발을 안정적으로 유지할 수 있어, 부상의 위험도 줄어든다. 이를 위해 밸런스 보드 위에서 보강운동을 할 때는 동서남북 네가지 방향으로 다리를 뻗는 것부터 훈련하는 것이 좋다.

③ 폼롤러를 활용한 스트레칭

폼롤러는 요가나 필라테스, PT 등에서도 많이 활용되고 있기 때문에 비교적 보편화된 도구이다.

운동을 하고 난 후 뭉친 근육을 풀어주기 위해, 또 부상을 방지하기 위해 폼롤러를 활용하여 스트레칭을 하는 것이 좋다. 이를 자가 근막이완 스트레칭이라고 한다.

고관절 스트레칭

축구를 처음 시작한 사람들이 많이 다치는 부위 중 하나가 고관절이다. 고관절 역시 폼롤러를 활용하면 간단하게 근육의 긴장을 완화할 수 있다.

둔부 스트레칭

허벅지 스트레칭

④ 골프공을 활용한 발바닥 마사지

축구를 할 때 족저근막염은 꽤 흔한 부상 중 하나이다. 특히 이제
막 축구를 시작한 유소년들이나 동호인들에게는 회복 루틴이 부족
하기 때문에 더 자주 나타난다. 이때 골프공을 활용해 발바닥을 마
사지해 주는 것이 큰 도움이 된다.

골프공을 발바닥 밑에 두고 앞뒤로 천천히 굴리면서 근막을 이완
하는 것이다.

* 족저근막염: 발뒤꿈치뼈에서 시작해 발바닥 앞쪽으로 난 섬유 띠를 족저근막이라고 하는데, 여기 반복적인 미세 손상이 가해져 발생한 염증을 가리킨다.

★★★

CHAPTER 2

★★★

골키퍼

BASIC
POSITI

ON———

골키퍼란 무엇인가

골키퍼는 축구에서 유일하게 손을 사용할 수 있는 포지션으로, 상대 팀의 득점으로부터 골을 지키는 사람이다. 수비 시 뒷공간을 커버해 주고 상대 팀의 공격을 차단하는 역할도 한다. 또 빌드업 능력이 좋은 골키퍼는 정확한 패스와 킥으로 안정적인 경기 운영을 돕고, 절호의 찬스를 만들어 준다.

현대 축구에서는 골문 방어적인 골키퍼보다 빌드업 능력이 뛰어난 골키퍼를 더 선호하고 있다. 그러나 골문을 지킬 줄 모르면서 패스와 킥만 잘하는 선수는 골키퍼라고 할 수 없다. 스위퍼 키퍼로서의 자질은 탄탄한 기본기를 갖춘 뒤에 갈고 닦아야 한다.

프로 구단이 아닌 경우, 현장에는 골키퍼를 전담하는 코치가 없는 경우가 많다. 기본 자세가 매우 중요한 포지션이지만, 정확하게 배우기가 어려운 것이 현실이다. 책에서는 내가 배우고 익힌 골키퍼의 기본에 대해 최대한 쉽고 자세하게 설명해 보려고 한다.

골키퍼의 기본 자세
Basic Position

골키퍼는 상대팀의 선수로부터 실점을 허용하지 않기 위해 빠르게 반응해야 한다. 작은 차이가 실점으로 이어질 수 있는 포지션이므로 처음부터 올바른 자세를 익히는 것이 중요하다.

골키퍼의 기본적인 자세는, 볼을 가진 상대 선수와의 거리에 따라 달라진다. 기본 거리는 보통 11~20m 사이일 때를 말하는데, 이때의 자세가 가장 기본적인 자세이다.

무릎은 살짝 구부린 채 보폭은 자신의 어깨너비에서 반 발 정도 넓게 선다. 이때 손은 항상 내 몸 앞에 있어야 한다.

골키퍼를 시작하는 선수들에게 기본 자세를 해보라고 하면 공통적으로 나오는 자세가 있다. 안정적으로 자세를 잡기 위함이라는 이유로 다리를 넓게 벌리고 상체를 지나치게 앞으로 숙이거나, 손을 옆으로 쭉 펴고 서거나 또는 보폭을 너무 좁혀서 서기도 한다.

이것이 왜 좋지 않은지는, 올바른 자세에 대한 이해가 되고 나면 쉽게 알 수 있을 것이다. 책에서 소개하는 기본 자세가 쉬워 보이지만, 처음 배울 때는 신경을 써야 하는 부분이 많다. 올바른 자세가 몸에 잘 밸 수 있도록 상세하게 살펴보자.

DETAIL

BASIC

POSITI

ED

ON——

골키퍼 기본 자세 상세
Detailed Basic Position

① 무게중심

골키퍼의 기본 자세에서 가장 중요한 건 무게중심이다. 자세를 잡을 때 허리를 뒤로 꺾어 상체를 젖히는 경우도 있고, 엉덩이를 쭉 빼서 중심이 뒤로 쏠린 경우도 있다. 그런데 무게중심이 엉덩이 쪽으로 이동하면, 볼이 가운데로 왔을 때에는 어떻게든 대응할 수도 있지만, 옆으로 왔을 땐 움직일 수 없다.

또 뒤꿈치를 드는 사람도 있는데, 뒤꿈치가 땅에서 떨어져 있을 때는 중심을 잡기 힘들다. 중심을 잡지 못하고 몸이 흔들리면, 볼이 올 때 즉각적으로 반응하는 동작들이 나올 수 없다. 볼이 날아오는 쪽으로 빠르게 손을 내밀 수도 없고, 볼이 길게 왔을 때 이동하기도 어려운 것이다.

기본 자세에서 나는 항상 앞꿈치와 무릎 위 허벅지에 힘을 살짝 주라고 한다. 이는 무게중심을 잘 잡기 위한 하나의 방법이다. 앞꿈치와 무릎 위 허벅지에 살짝 힘을 주면, 중심이 자연스럽게 앞으로 이동한다. 중심이 일자로 있거나 뒤로 있는 것보다, 살짝 앞으로 있어야 볼이 왔을 때 빠르게 반응할 수 있다. 움직일 때도 앞꿈치와 무릎 바로 위 허벅지에 똑같이 힘이 들어가는 상태로 이동해야 한다.

허리가 뒤로 꺾인
잘못된 자세

엉덩이 쪽으로
중심이 쏠린
잘못된 자세

TIP
앞꿈치와 무릎 위 허벅지에 살짝 힘을 주면
올바른 무게중심을 잡는 데 도움이 된다.

② 손의 위치

골키퍼의 손은 기본적으로 몸 앞 허벅지 가운데 쪽에 있어야 한다. 그래야 옆으로도 바로 뻗을 수 있고, 땅볼도 미들볼도 높게 오는 볼도 빠르게 반응하여 처리할 수 있다. 손을 양옆으로 뻗어서 내리거나, 배꼽 앞에 모으고 있는 경우도 있는데 이는 좋은 자세가 아니다. 경기 중에는 볼이 어디로 올지 모른다는 것을 늘 생각해야 한다.

손을 배꼽 앞에 모으고 있을 때

이 경우 갑자기 볼이 땅으로 오면 손이 내려가는 시간이 느려진다. 볼이 옆으로 왔을 때도 동작에 군더더기가 생긴다. 안 그래도 볼이 어디로 올지 모르는데, 자세 때문에 시간이 더 걸리면 낭패다.

손이 너무 높거나 낮은 위치에 있을 때

그렇다고 해서 손을 가슴 높이까지 들 필요도 없다. 그럴 경우 볼이 땅으로 올 때 반응이 느려진다. 반대로 손을 무릎 밑으로 내리면, 볼이 위로 올 때 반응이 느려진다.

손등이 하늘을 향하게 둘 때

이런 경우에는 팔꿈치가 벌어지게 된다. 팔꿈치가 벌어지면 볼을 땅볼로 잡을 경우 팔 사이에 공간이 생기고, 그 사이로 볼이 빠지는 상황이 자주 발생한다.

올바른 손의 위치

손등이 하늘을 향해
팔꿈치가 벌어진 잘못된 자세

③ 측면

골키퍼의 바른 자세를 측면에서 보면 앞서 언급한 것들을 그대로 확인할 수 있다.

무릎은 곧게 일자로 정면을 향해야 하고, 앞꿈치와 무릎 바로 위 허벅지에 힘을 줘야 한다. 손은 몸 앞 허벅지 가운데 쪽에 두고 손등이 하늘을 향하지 않도록 주의한다. 상체는 뒤로 젖혀지지 않게 주의하고 뒤꿈치는 땅에서 떨어지지 않아야 하며, 턱끝이 앞꿈치 뒤쪽이 아니라 앞쪽으로 오게끔 해야 한다.

이상적인 측면 모습

골키퍼 기본 자세 한 눈에 보기

볼을 가진 선수와의 거리가 11~20m일 때

GOAL

턱끝이
앞꿈치 앞쪽에 오도록
상체를 숙인다

무릎은 일자로
곧게 앞을 본다

어깨너비보다
반 발 넓게 선다

시선은
볼을 본다

손을 몸 앞
허벅지
가운데 쪽에
둔다

앞꿈치와
무릎 바로 위
허벅지에
힘을 준다

MODIF

BASIC

POSIT

IED

ON —

골키퍼 기본 자세 변형
Modified Basic Position

① 근거리 상황

골키퍼는 볼을 가진 상대 선수와의 거리에 따라 자세가 달라져야한다. 기본 자세를 익혔다면, 거리에 따른 자세의 변형에 대해 알아보자.

볼을 가진 선수와 골키퍼의 거리가 11m 이내일 경우를 근거리라고 표현한다. 볼을 가진 선수와 골키퍼가 가깝다는 건, 상대가 어느정도 각을 줄였다는 것이고, 그만큼 골대와 가깝다는 것이다. 이때는 볼이 오는 시간이 짧다.

이 상황에서 빠르게 대응하려면 골키퍼는 앞서 기본 자세보다 높이를 좀 더 낮추고 있어야 한다. 자세가 낮아진 만큼 보폭은 조금 더벌어진, 자신의 어깨너비에서 한 발 정도 넓게 선 상태가 좋다.

손은 무릎 위치까지 오도록 내리는데, 이제는 몸 앞이 아니라 옆에 위치시킨다. 각이 없는 만큼 볼이 올 때 순간적으로 반응하기 위해서다. 팔은 무조건 구부리고 있는다. 가운데로 오는 볼은 몸으로 막는다고 생각해야 한다.

근거리 상황에서의 기본 자세

② 1:1 상황

볼을 가진 상대 선수와 근거리(11m 이내)보다 더 가까워진 상황이다. 이런 1:1 상황에서는 팔을 쭉 펴고 손바닥이 보이게 자세를 잡는다.

주로 상대 선수가 골키퍼의 반경 5m 안에 있을 때를 1:1 상황이라고 한다. 이때는 공격수와의 거리가 가깝기 때문에, 볼이 내 몸에 맞을 수 있게 동작을 만들어 준다. 이 동작을 동작을 X(엑스)블럭이라고 한다.

1:1 상황에서의 기본 자세

③ 중거리 상황

상대 선수와의 거리가 20m 이상일 때는 중거리라고 표현한다. 이 때 상체는 기본 자세보다 약간 더 세우고, 보폭은 어깨너비만큼 벌린다. 높이가 높아진 만큼 보폭도 약간 좁아지는 형태이다.

중거리에서 상체를 들어야 하는 이유는, 먼 거리에서 오는 볼에 빠르게 반응하기 위해서다. 골키퍼는 항상 볼을 보고 즉시 따라갈 수 있는 움직임을 만들어야 하는데, 기본 자세나 근거리에서처럼 몸을 숙인 상태에서는 멀리서 볼이 왔을 때 미리 준비하고 반응하는 속도가 느려진다.

결국 중거리에서는 자세를 조금 더 세운 상태에서 다리가 편하게, 빠르게 움직일 수 있도록 해야 한다. 이때는 뻣뻣하게 일자로 서는 게 아니라, 기본 자세에서 상체만 살짝 세워야 한다.

중거리 상황에서의 기본 자세

GOAL
KEEPI

골키핑
Goal Keepimg

땅볼 캐칭

캐칭은 양손으로 볼을 잡는 것을 말한다. 크게 땅볼 캐칭, 미들볼 캐칭, 하이 캐칭으로 구분할 수 있다.

⊕ 손가락과 손날

땅으로 굴러오는 볼, 즉 땅볼 캐칭의 핵심은 손가락이다. 손바닥이 하늘을 향하는 상태에서, 손가락이 지면에 닿아야 한다. 초심자들 사이에 양손의 새끼손가락이 서로 붙은 채로 잡아야 볼이 안 빠진다는 팁이 공유되고는 하는데, 좋은 방법이 아니다.

중요한 건 새끼손가락보다 손날이다. 새끼손가락만 붙이면 땅볼을 잡으려고 할 때 팔꿈치가 벌어지게 된다. 양손의 손날을 붙여야 자연스럽게 팔꿈치까지 모이게 되는 것이다.

이상적인 땅볼 캐칭 자세

⚽ 유소년과 청소년·성인의 차이

땅볼 캐칭 자세를 훈련할 때는 아직 성장이 덜 된 유소년과 그 이상의 청소년 및 성인과 차이를 두고 해야 한다.

골키핑을 처음 배울 때, 한쪽 무릎을 꿇고 볼을 잡는 경우가 있다. 볼이 다리 사이로 빠지는 걸 방지하기 위한 자세인데, 배리어 포지션이라고 한다.

그런데 12세 이하 유소년들은 대부분 밸런스와 유연성이 부족하기 때문에 한쪽 무릎을 꿇고 안정적으로 볼을 잡는 동작을 빠르게 취하기란 매우 어렵다. 대부분 한쪽 무릎을 꿇는 과정에서 중심이 무너진다. 다리를 굽히면서 내려갈 때 손에 볼이 맞고 튕겨 나가기도 한다.

그래서 나는 유소년들을 가르칠 때 다리를 굽힐 시간에 손을 빨리 내리라고 알려준다. 재빠르게 손을 내려서 볼을 마중 나가듯이 기다리는 것이다. 이때는 앞서 말했듯 손가락은 지면에, 손날은 서로 붙이고 팔꿈치는 반드시 굽혀야 한다.

하지만 15세 이상부터는 능숙하게 익히기만 했다면 배리어 포지션을 취하는 것도 괜찮다.

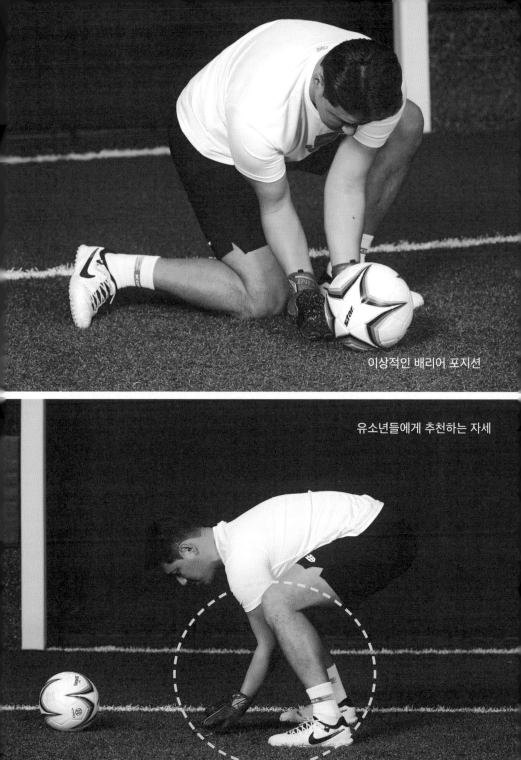

이상적인 배리어 포지션

유소년들에게 추천하는 자세

⊕ 볼을 잡는 위치

땅볼은 잡는 타이밍도 중요하다. 다리 사이로 볼이 들어올 때까지 기다렸다가 잡으려고 해서는 안 된다. 볼이 뒤로 빠질 확률이 높은 동작으로 이 경우 리스크가 크다. 안정성이 떨어진다.

반대로 팔을 너무 앞으로 뻗어 잡으려고 해도 좋지 않다. 팔을 뻗으면 팔꿈치가 펴지게 되므로 양팔 사이에 공간이 생긴다. 볼이 빠질 수 있어 위험하다.

땅볼로 오는 볼을 잡을 때에는 우선 무릎을 굽혀 자세를 낮추고, 상체를 숙인 상태에서 땅을 보았을 때 수직보다 살짝 앞쪽, 즉 나의 시선을 조금 앞으로 두었을 때의 위치에서 잡는 것이 이상적이다.
이때 손날은 붙이고 손가락 부분이 땅에 붙어 있는 게 중요하다.

이상적인 볼 잡는 위치

볼 잡는 위치가 너무 뒤거나 앞인 잘못된 예

미들볼 캐칭

　미들볼 캐칭을 할 때 골키핑에 익숙하지 않은 선수들이 주로 하는 실수가 있다. 날아오는 볼을 손으로 먼저 잡고, 뒤늦게 감싸안듯이 팔을 올리는 경우이다. 의외로 많은 선수들이 취하는 동작이다.

　그런데 경기 중에는 볼이 어디에서 어떻게 날아올지 모른다. 예측할 수 없는 방향에서 강하게 날아오는 볼을, 손으로 정확하게 잡고 이후 배 안쪽으로 감싸 올린다는 건 실전에서 적용하기 어렵다. 손에 잘못 맞으면 튕겨 나가서 곧바로 위험한 상황이 될 수도 있고, 손에 맞고 자책골이 들어갈 수도 있다.

　나는 볼을 손으로 잡고 올리는 것보다 볼이 곧바로 내 명치로 오게 만든다. 손 모양을 만들어 볼이 들어올 공간을 준비해 놓고, 바로 허리를 굽혀서 볼이 명치로 쏙 들어오게 하는 것이다.

　상체를 숙이면서 팔과 손 모양으로 볼이 들어올 공간을 만들어 두면, 볼을 잡지 못해도 내 몸 안쪽으로 볼이 떨어지기 때문에 안전하게 캐칭할 수 있다.

이상적인 미들볼 캐칭 자세

캐칭을 준비하는 자세에서 상체는 항상 숙이고 있어야 한다. 상체를 일자로 세우고 있다가 볼이 들어오면, 볼은 몸에 맞고 밖으로 튕겨 나가기 때문에 위험하다. 볼을 받으면 얼굴은 볼 쪽으로 재빨리 숙여야 한다.

볼이 낮게 올 경우, 거기 맞춰서 자세는 더 낮춰야 한다. 이때도 손으로만 먼저 잡고 처리하려고 하면 미스가 나기 쉽다. 볼이 안전하게 내 명치에 들어오게 하려면 볼 높이에 따라 자세를 조절해야 한다. 이때도 주의할 것은 팔꿈치가 벌어지지 않게 하는 것이다.

안정적인 캐칭을 위해 자세를 낮추는 모습

233

하이 캐칭

하이 캐칭은 가슴 위쪽으로 날아오는 높은 볼을 잡는 것이다. 기본 자세를 유지한 상태에서(상체를 세우지 않도록 주의) 양손을 얼굴 앞쪽에 대고 손 모양을 잘 만들어 준다.

땅볼 캐칭, 미들볼 캐칭, 하이 캐칭 모두 상체는 항상 앞으로 살짝 기울이고 있어야 한다. 볼을 떨어뜨리더라도 내 몸 안에 떨어지게 하기 위함이다.

또 앞꿈치와 무릎, 얼굴에 균형적으로 힘을 주고 자세를 잡아야 한다. 그래야 중심을 앞에 둘 수 있다. 중심을 앞에 두는 이유는 어디로 올지 모르는 볼을 모두 잡기란 쉽지 않은데, 볼을 놓치는 경우에도 즉각적으로 반응하기 위해서이다.

이상적인 하이 캐칭 자세

⚽ 손 모양: 유소년과 청소년 및 성인의 차이

하이 캐칭을 할 때는 유소년과 성인이 볼을 잡는 방법이 다르다. 손이 작은 유소년들은 손을 삼각형 모양으로 만들어야 한다. 그래야 볼이 뒤로 빠지는 걸 방지할 수 있다.

그 이상 청소년과 성인들은 손을 W(더블유) 모양으로 만들어 볼을 잡는 것이 이상적이다.

⚽ 손바닥 활용 부위

하이 캐칭은 손의 어느 부위를 쓰느냐도 중요하다. 가끔 손가락으로만 볼을 잡는 경우가 있는데, 매우 위험한 동작이다.

손가락으로만 캐칭을 하면 손가락이 뒤로 꺾여서 부상을 당하기 쉽다. 캐칭도 안정적으로 되지 않아 볼은 뒤로 빠져서 골을 허용하게 된다.

기본적으로 손바닥을 활용하는 게 가장 중요하다. 이때 손바닥 부위 중에서도 아래쪽이 아니라 위쪽부터 중간쯤까지를 활용하는 것이 좋다.

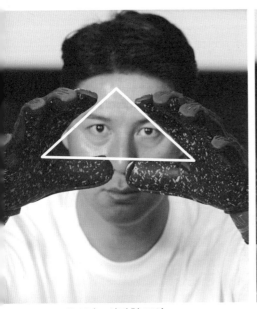
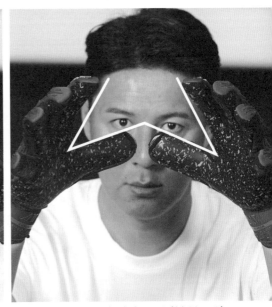

유소년 - 삼각형 모양

청소년/성인 - W(더블유) 모양

하이 캐칭에서 활용하는 손바닥 부위

⊕ 손목의 각도

하이 캐칭에서는 손목의 각도도 중요한데, 손목을 45도 정도로 숙이고 있어야 한다. 이런 자세가 유지되면 날아오는 볼을 정확하게 잡지 못하더라도, 45도 각도로 약간 숙여있는 손목을 통해 볼이 내 몸 안쪽으로 떨어질 수 있다. 다음 동작으로도 안정적으로 이어질 수 있다.

그런데 많은 경우 상체를 들고 손도 일자로 편 채로 캐칭하려고 한다. 골키퍼 본인이 편하게 잡기 위함이다. 하지만 이런 자세에서 안전하게 잡지 못한 볼은, 일자로 펴져 있는 손에 맞고 앞으로 멀리 튕겨 나간다. 골키퍼는 다시 볼을 소유하기 어렵고, 상대 선수에게 찬스 상황을 만들어 줄 수도 있다.

또 손을 일자로 펴고 있으면, 볼이 조금 더 위쪽으로 오는 경우에도 위험하다. 손가락에 맞고 볼이 뒤로 빠지게 되는 것이다. 골문으로 볼이 넘어갈 수 있는 위험한 상황이 발생된다.

결국 손목을 대각으로 올바르게 준비하고 있어야, 손가락에 맞더라도 쉽게 뒤로 빠지지 않고, 앞으로 떨어진다고 해도 내 몸 가까이에 떨어진다. 중요한 건 이때 손목을 45도 각도로 만드는 건 손목을 꺾는 게 아닌, 팔꿈치로 조정해야 한다는 것이다.

이상적인 손목의 각도

⚽ 그라운드 볼 컬랩스·그라운드 볼 컬랩스 세이빙

골키퍼가 몸을 날려서 볼을 막는 기술을 다이빙이라고 한다. 다이빙은 크게 4가지로 나눌 수 있는데, 그라운드 볼 컬랩스와 그라운드 볼 컬랩스 세이빙, 미들 및 하이 볼 컬랩스와 미들 및 하이 볼 컬랩스 세이빙이다.

이 중에서 볼이 내 몸 바로 옆으로 왔을 때 넘어지면서 잡는 것을 그라운드 볼 컬랩스라고 한다. 볼이 그보다 좀 더 옆으로 왔을 때, 한 발 이동해서 넘어지며 잡는 것은 그라운드 볼 컬랩스 세이빙이라고 한다.

그라운드 볼 컬랩스의 포인트

이 동작의 포인트는 몸의 중심이 이동하는 것이다. 볼이 옆으로 온다고 상체만 비틀어 얼굴을 내려서는 안 된다. 기본 자세에서 발끝과 무릎 위쪽의 허벅지에 힘을 준 상태 그대로 중심 전체가 이동해야 한다.

중심을 이동할 때, 상체가 옆이나 뒤로 기울어지지 않게 주의해야 한다. 상체는 반드시 볼이 오는 앞쪽으로 향해야 한다. 대부분의 사람은 넓적다리 쪽 근육이 유연하지 않다. 따라서 상체가 옆으로 가거나 뒤로 기울어지면, 손이 볼까지 도달하는 데에 시간이 오래 걸린다. 그러나 상체를 앞으로 숙인 상태라면, 볼까지 손이 금방 닿을 수 있다.

중심 전체가 이동하는 모습

그라운드 볼 컬랩스 세이빙의 포인트

그라운드 볼 컬랩스 세이빙은 한 발을 짚고 이동하는 게 핵심이다. 중심 이동 시에는 앞꿈치와 무릎 윗부분의 허벅지에 힘을 주고, 무릎을 굽힌 자세를 유지하는 게 중요하다. 볼이 땅으로 길고 낮게 오고 있는 상황이므로 무릎을 펴고 이동하면 반응이 느려져서 볼은 뒤로 빠지게 된다.

또 볼은 옆에 있을 때가 아니라, 내 몸 앞쪽에 있을 때 잡아야 한다.

잡고 넘어지기

그라운드 볼 컬랩스와 그라운드 볼 컬랩스 세이빙 모두 볼을 잡거나 쳐내거나 둘 중 하나가 이루어지고 난 후에 넘어져야 한다. 넘어진 다음에 볼을 처리하는 것이 아니라, 정확히 잡지 못하고 쳐낸다 해도 그 후에 넘어져야 한다.

넘어지면서 볼을 잡으려고 하면 볼이 뒤로 빠지기 쉽다. 볼이 오는 방향을 읽고 미리 손을 뻗어 대기하고 있다가 볼을 잡자마자 넘어지는 것이다.

볼부터 잡고 넘어지는 모습

⚽ 미들 및 하이 볼 컬랩스

무릎 위로 오는 볼을 넘어지면서 잡는 것을 미들 및 하이 볼 컬랩스라고 한다. 이때 볼이 정면으로 오면 굳이 컬랩스로 잡을 필요가 없고, 정면이 아닌 옆으로 오는 볼들을 컬랩스로 잡는다.

미들 및 하이 볼 컬랩스 세이빙

공중에서 볼을 잡을 때는 몸과 볼이 일자가 되어야 한다. 이 말은 결국 몸의 중심이 무너지면 안 된다는 뜻인데, 특히 볼을 잡기 전에 먼저 넘어지면 안 된다.

결국 미들 및 하이 볼 컬랩스와 미들 및 하이 볼 컬랩스 세이빙을 할 때도, 볼을 터치한 후에 넘어져야 끝까지 안정적으로 캐칭을 할 수 있다.

이상적인 다이빙 자세

빌드업
Build-up

현대 축구에서는 골키퍼에게 빌드업 능력을 많이 요구한다. 빌드업은 후방에서부터 차곡차곡 볼을 전진시키는 공격 전개 과정이다. 골키퍼에서 시작해서 최전방 공격수에게까지 골을 배급하는 과정이라고도 할 수 있다.

1차적으로, 빌드업 축구의 가장 큰 특징은 골키퍼가 필드에 가세하여 수적 우위를 점한다는 것이다. 보통 골키퍼는 골문 밖으로 나오지 않지만, 빌드업 축구에서는 우리 팀이 볼을 소유하고 있을 때 필드로 나와 적극적으로 참여한다. 이때, 골키퍼는 대체로 페널티 박스 근처까지 나온다.

축구는 기본적으로 11:11로 플레이하는 스포츠지만, 골키퍼가 필드에 가세하면 좀 더 공격적으로 볼을 소유할 수 있게 된다. 최전방까지 볼이 연결될 때 필드에 선수 한명이 더 들어와 있는 형태이기 때문이다.

물론 골대가 비게 된다는 리스크가 있다. 볼을 뺏긴다면 골키퍼는 서둘러 골대로 돌아가야 하고, 수비에 어려움이 있을 수 있다. 빌드업 축구에서 골키퍼가 받는 압박은 매우 큰 편이다.

하지만 골키퍼가 페널티 박스까지 나와 있으면 상대 선수들은 역습을 노리고 공격적으로 달려온다. 그럴 경우, 거꾸로 상대 수비 진영이 비게 된다. 우리 팀은 공격적으로 압박할 수 있게 되고 역으로 득점의 기회는 많아지게 되는 것이다. 결국 빌드업 축구를 할 때는 우리 팀의 볼 점유율이 높다는 것이 전제되어야 한다.

다른 관점에서 보면, 빌드업 축구는 패스를 중심으로 경기를 세밀하게 풀어가는 전략이라고 할 수 있다. 상대팀의 선수 구성, 포메이션 등을 분석하면서 다양한 전술과 전략을 선택하는 과정이 중요하다. 단순히 길게 킥을 해서 전개하는 방식이 더 쉬울 수도 있지만, 현대 축구는 빌드업을 통해 전술적, 전략적인 경기를 만들어 가는 방향을 지향하고 있다. 이는 팬들에게 더 흥미로운 축구를 선보이기 위한 노력의 일환이기도 하다.

한두 명에 의존하는 축구가 아닌, 팀 전체의 능력과 팀워크가 중요한 축구의 시대가 되었다. 이에 따라 패스 능력과 같은 기본기가 한층 더 중요해졌고, 전체적으로 축구에 대한 이해도가 높은 선수들이 우위를 점하게 되었다.

빌드업 훈련

빌드업 축구를 위해 골키퍼에게는 기본적인 골키핑 능력 외 패스, 킥 그리고 상황 인식 능력이 추가로 필요하다. 현재 우리나라는 대부분의 유소년 팀에 GK 코치가 따로 없기 때문에, 이미 골키퍼도 필드와 함께 훈련을 하고 있기는 하다. 하지만 훈련 시에 골키퍼 선수가 왜 이런 훈련이 필요한지, 스스로 잘 인식하고 참여한다면 훈련의 결과는 달라질 것이다.

전술적인 부분을 포함하여 필드 선수들과 함께 패스나 킥 등의 훈련을 능숙하게 한다면, 현대 축구의 주요 흐름이라고 볼 수 있는 빌드업 축구에 도움이 될 것이다. 이는 골키핑 능력이 평준화되고 있는 현대 축구에서 골키퍼로서 자신의 값어치를 높일 수 있는 차별화 방법이기도 하다.

빌드업 전술에서 골키퍼는 상대 선수가 골문을 향해 킥을 하자마자 바로 몸이 반응해야 한다. 판단을 위해 고민한다면, 이미 늦다. 킥과 동시에 반응하기 위해서는 조금 더 전진 포지션에서 세이브하는 것이 유리할 수 있다.

빠른 상황 판단을 위해서는 먼저 나의 스피드를 알아야 하며, 상대가 볼을 차는 즉시, 길게 갈지 짧게 끊길지 알 수 있도록 수많은 경험으로 체득하는 것이 필요하다.

빌드업을 할 때는 골키퍼에게도 트래핑이 중요하다. 골키퍼는 보통 손을 많이 쓰는 포지션이기 때문에 트래핑을 어려워하는 경우가 많은데, 반드시 훈련해야 한다.

또 빌드업이라고 해서 골키퍼가 패스만으로 볼을 걷어낼 필요는 없다. 상대 선수들의 압박이 들어올 때 최대한 빠르게 볼을 최전방의 우리 팀 공격수들에게 보내기 위해서는 킥이 필요하기도 하다. 이때 정확한 킥이 좋은 찬스를 만든다.

★★★

CHAPTER 3

★★★

축구에 대하여

포지션별 실전 조언
에필로그

ABOUT
FOOTB

ALL ―

포지션별 실전 조언
About Football

이동국_스트라이커

공격수의 주된 역할

골을 넣어야 이기는 스포츠인 축구, 여기에서 공격수의 가장 큰 역할은 결국 득점이다. 수많은 수비수들을 마주한 채, 공격수는 골대 안으로 볼을 넣어야 한다. 그러니 어느 팀이든 좋은 공격수를 필요로 한다. 또 득점을 위한 패턴과 조합을 만들어내는 중요한 포지션이기도 하므로, 높은 수준의 창의력과 판단력이 요구되는 자리라고 할 수 있다.

공격수의 주된 역할은 골을 넣는 것이지만, 단순히 기술만 좋은 것으로는 부족하다. 볼이 왔을 때 어떻게 움직일지 미리 생각해두고, 순간적으로 실행할 수 있는 반응 능력도 필요하다. 생각하고 나서 움직이기엔 이미 늦는 경우가 많기 때문이다.

이런 이유로 어릴 때부터 빠르고 축구에 대한 감각이 좋은 선수들이 주로 공격 진영에 포진된다.

좋은 공격수가 되기 위한 훈련

좋은 공격수가 되기 위해 킥이나 슈팅 연습만 해도 된다고 생각한다면 오산이다. 많은 사람들이 간과하는데, 중요한 것은 볼이 없을 때의 움직임, 즉 '오프 더 볼'이다. 요즘은 이 부분을 특히 많이 본다.

예를 들어, 우리 팀의 공격 전개 시에 오프사이드 위치에 가버리면 공격자 반칙이 되고 흐름이 끊긴다. 천천히 다른 방향으로 움직였다가 동료 선수가 볼을 접어주는 순간에 맞춰 상대를 뚫는 식으로 움직여야 한다. 이런 것을 충분히 고민하지 못한 선수들은 동료가 볼을 줄 생각도 안 했는데 미리 앞으로 빠져 버린다.

볼을 잡았을 때 크로스 타이밍에서도 어떤 타이밍에 골을 넣으러 가야 할지, 어떤 타이밍에 상대 수비수의 시선을 피해서 갈 것인지 등에 대한 것들을 깊게 연구해야 한다.

볼을 뺏겼을 때의 반응과 전환 속도 역시 중요하다. 볼을 빼앗겼다고 해서 '아, 뺏겼네' 하고 멈춰 서는 것이 아니라, 즉시 수비로 전환하는 습관을 들여야 한다. 지도자들은 이러한 '트랜지션' 능력을 매우 중요하게 본다.

또 경기 중 볼이 나에게 오는 그 순간은 생각할 시간이 없다. 볼이 오기 전에 미리 몇 가지를 생각해두어야 한다. 예를 들어, 볼을 잡으면 A 선수에게 패스하려고 생각했지만, 막상 패스를 시도하려는 순간 상대 수비수가 좋은 위치를 선점했다면 그 선택은 포기해야 한다. 그때는 즉시 다른 옵션을 찾아야 하는 식이다. 미리 여러 상황을 연습하고 생각해둬야 실전에서 즉각적으로 대응할 수 있다.

동료를 활용할 줄 아는 능력도 중요하다. 내가 직접 패스를 받기 위해 움직여야 할지, 아니면 동료가 더 좋은 위치에서 패스를 받을 수 있도록 자리를 비워주는 움직임을 해야 할지를 빠르게 판단해야 한다. 내가 비켜줌으로써 뒤에 있던 다른 선수가 훨씬 편하게 볼을 받을 수 있는 상황이 만들어질 수 있다.

내가 움직이면 상대 수비수 역시 나를 따라오게 된다. 이를 통해 수비수를 끌어내고, 동료가 더 좋은 위치에서 볼을 받을 수 있도록 돕는 것이다. 이러한 플레이를 하기 위해서는 항상 그 뒤의 상황까지 미리 보고 있어야 한다.

크로스 상황에서도 상대 수비수를 따돌려, 자신이 원하는 위치에서 크로스를 받을 수 있어야 한다. '이 자리가 좋다'라고 생각한다고 해서, 처음부터 그 자리에 서 있으면 안 된다. 당연히 수비수가 따라붙기 때문이다. 자신이 원하는 위치를 '마지막 종착역'이라고 가정

한다면, 다른 위치에서 출발해 수비수를 흔들고 떨어뜨린 뒤 그 지점으로 이동해야 한다. 어떻게 하면 수비수를 쉽게 떼어낼 수 있을지, 다양한 움직임을 끊임없이 고민하고 시도해 봐야 한다.

나는 상황을 미리 예측할 수 있지만, 상대 수비수는 내 움직임에 반응한다. 따라서 한 수 앞서 트릭을 준비하고, 이를 통해 경기에서 주도권을 가져오는 것이 중요하다.

공격수라면 무엇보다 문전 앞에서의 장면들을 계속 경험해야 한다. 골대를 보고 있지 않더라도, 경기장에서 지금 나의 위치가 어디인지 확인하고 여기서는 어떻게 차야 골문으로 들어가는지 감각적으로 알 수 있게 익혀야 한다. 이를 위해서는 스팟을 정해놓고 골대를 등진 뒤 슈팅 훈련을 반복적으로 하면 된다.

공격수에게 필요한 마음가짐

만약 공격수가 되고 싶어 축구를 시작했거나, 축구를 하다 보니 공격수가 좋아 보여 꼭 하고 싶은데, 감독님이 그 포지션에 세워주지 않는다면?

이런 경우라도 실망할 이유가 전혀 없다. 오히려 좋은 기회이다. 공격수로 성공하고 싶다면, 다양한 포지션을 뛰어본 경험은 굉장한 도움이 될 것이다. 프로에서 활약 중인 대부분의 공격수들이 다양한 포지션에 서 본 경험을 갖고 있는 것만 보더라도 그렇다.

또 내가 공격수라 하더라도, 다른 선수들을 돋보이게 해줄 수 있어야 한다. 어시스트에 관한 이야기다. 내가 슈팅을 하고 싶더라도, 득점에 더 유리한 위치에 있는 동료가 있는지 볼 수 있어야 한다. 그렇게 판단된다면 빠르게 패스해 줄 수 있는 실력과 정신이 필요하다.

자기만 골을 잘 넣으면 이류에 그친다. 직접 골도 잘 넣지만, 어시스트도 잘하는 선수가 일류다. 물론 골을 넣고 싶은 욕심이 있을 수 있지만, 팀을 생각하는 마음이 필요하다. 개인의 욕심을 무리하게 채우려고 하면 안 된다.

결국 그 마음가짐은 나에게도 돌아온다. 내가 골을 잘 넣는다면 상대 팀의 마크가 집중되지만, 동료 선수도 골을 잘 넣으면 수비가 분산돼 나에게 더 좋은 기회가 생긴다. 당장 이 한 경기뿐만 아니라, 다음 경기와 그다음 경기까지 내다보는 시각이 중요하다.

골을 가장 많이 넣는다고 해서 그 선수가 축구를 제일 잘하는 것이 아니라는 걸 알아야 한다. 축구는 모든 포지션의 선수가 팀이 골을 넣을 수 있게끔 함께하는 스포츠다. 축구를 하겠다면 기본적으로 팀을 인식해야 한다. 화려한 스트라이커를 꿈꾸는 것을 넘어, 결국은 좋은 축구 선수가 되고 싶은 것일 테니.

정훈_미드필더

미드필더의 주된 역할

미드필더는 공격수와 수비수 사이에서 연결 고리가 되어, 중심을 잡아주는 역할을 한다. 우리 팀이 볼을 점유할 수 있게 많은 움직임을 가져가야 하는 것이다.

볼을 받고, 연결해 주고, 다양한 공격 전개를 만들어 줘야 하는 역할로써, 활동량이 많은 포지션이다. 그러므로 이 위치에 있는 선수는 강한 책임감을 가지고 절실하고 성실하게 플레이해야 한다.

미드필더 싸움에서 밀리면 경기에서 패배할 확률이 높아진다. 그렇기에 헌신적이고 팀을 위해 희생하는 선수여야 한다고 생각한다.

미드필더는 공격형 미드필더와 수비형 미드필더로 나뉜다.

공격형 미드필더는 주로 스트라이커 아래에 위치한다. 팀 공격의 주축이 되고, 개인적인 돌파 능력과 슈팅 능력, 능숙한 볼 터치 등으로 좁은 공간에서 상대 수비진을 흔들 수 있는 능력을 필요로 한다.

수비의 비중보다 위협적인 공격 찬스를 만들어낼 줄 알아야 하는 비중이 높다.

수비형 미드필더는 상대 공격을 차단하고 포백 수비진을 보호하며 1차 저지선을 만든다. 팀 전체의 중심이 되기 때문에 공격이나 수비 시 그라운드 중앙에서 많이 벗어나는 플레이보다는, 중앙 자리를 지켜가며 패스 연결 및 수비 커버를 해 줘야 한다.

경기 전체를 조율하기 때문에 시야가 넓어야 하고, 볼 배급 능력과 패스 능력이 좋아야 한다.

좋은 미드필더가 되기 위한 훈련

좋은 미드필더가 되기 위해 반드시 해야 하는 훈련은 다음과 같이 꼽을 수 있다.

1) 반복적인 패스 훈련

모든 훈련은 수많은 반복을 통해 자기만의 것으로 완성된다. 그러므로 반복적인 패스 훈련은 미드필더에게 아무리 강조해도 부족하지 않다. 그런데 이때 무작정 주고받기만 하기보다는 우리 팀 동료를 이해하고 알아가는 것도 굉장한 도움이 된다.

패스를 할 때 동료를 정확하게 바라보고 눈을 마주치며, 동료 선수의 생각을 읽어보는 것이다. 이 과정 역시 패스 훈련의 중요한 요소 중 하나로, 이렇게 쌓인 훈련의 경험은 빠르게 흘러가는 실전 경기에서 큰 도움이 될 것이다.

2) 다양한 킥 훈련

인스텝, 인프런트 킥 등을 롱킥과 숏킥으로 구분해 연습해야 한다. 아마추어 선수들은 유니폼 색깔만 보고 대강 우리 팀이 받으면 된다는 생각으로 킥을 하는 경우가 많다. 하지만 그렇게 연습해서는 실전에서 정확도가 떨어진다. 우리 팀 동료의 움직임을 끝까지 바라보며 정확하게 차는 킥 연습을 해야 한다.

3) 상황 인식 연습

상황 인식이라고 하면 막막하게 생각하는 경우가 많다. 쉽게 말해 상황 인식이란, 볼이 오기 전에 주위를 살피고 상대 선수의 수비 위치나 우리 팀 동료의 위치를 정확히 파악하는 것을 말한다.

대부분의 유소년 선수들은 볼만 보고 볼을 받으러 가는 편이다. 그럴 경우 수비수가 어느 위치에 있는지 보지 못하고, 결국 볼을 쉽게 빼앗기게 된다. 상황 인식 연습이 필요한 이유다.

상황 인식은 또 주위를 보는 타이밍도 중요하다. 유소년 선수들은 동료 선수가 나에게 패스를 해줄 때가 되어서야 뒤를 살피는데, 그럴 경우 상황을 인식할 시간은 많아야 1초 정도이다. 하지만 그 누구도 1초 안에 상황을 인식하기란 불가능하다.

그러므로 볼이 나와 상관없는 위치에 있을 때부터 계속 내 주위를 체크하고, 끊임없이 상황을 파악해야 정확한 상황 인식을 할 수 있다.

4) 위치 선정 연습

K리그, EPL리그 등을 보면서 내 마음에 드는, 잘하는 미드필더를 점 찍어 보자. 그 선수의 움직임이나 위치 선정, 어떤 생각으로 플레이를 해 나가는지 등을 확인하는 건 나를 위한 연습에도 큰 도움이 된다.

일단 위치 선정을 잘하기 위해서는 나에게 유리한 위치가 어디인지부터 민첩하게 파악할 수 있어야 한다. 예를 들어, 볼 컨트롤 한 번으로 상대 선수를 따돌릴 수 있는 위치가 있다면 그곳을 선점해야 하는 것이다. 어떤 위치에서 볼을 받으면 쉽게 플레이를 할 수 있을지 계속해서 생각해야 한다.

중·고등학생만 되어도 힘과 스피드가 대체로 비슷해진다. 드리블로 수비수 1명을 제치기는 점점 더 어려워지는 것이다. 따라서 유리한 위치 선정과 영리한 볼 컨트롤은 매우 중요하다.

특히 미드필더는 경기장 전 방향, 즉 앞·뒤·좌·우 360도를 모두 인지하며 플레이해야 하기 때문에, 상황 판단이 빠르고 경기 흐름을 영리하게 조율할 수 있어야 한다.

요즘 유소년 선수들을 보며 미드필더들에게 꼭 해주고 싶은 조언이 있다. 현재 유소년 축구에서는 개인기술, 화려한 드리블을 해야 축구를 잘한다고 생각하는 경향이 있다. 물론 개인기술과 드리블도 중요한 게 맞다. 하지만 초·중·고등학교 그리고 성인 레벨로 올라갈수록 승부를 가르고 선수의 실력을 가르는 것은 경기운영이다.

축구장에서는 공간을 얼마나 입체적으로 이해하느냐에 따라 경기의 주도권이 갈린다. 결국은 상황 인식, 위치 선정, 그리고 공간 이해력이 좋은 선수들이 살아남는다. 유리한 공간을 찾았다면, 그곳을 활용할 수 있도록 미리 수비를 따돌릴 수 있는 위치에 있어야 한다.

결국 좋은 공간을 점유하는 건, 최선의 위치를 파악하고 선정하는 데서 시작된다. 상대 골대까지 가는 동안 여러 공간을 자유자재로 공략하고, 빠르고 쉽게 득점을 만들어 낸다면 축구가 더 쉽고 재미있어질 것이다.

이용_수비수

수비수의 주된 역할

축구에서 수비수는 단순히 공을 빼앗는 역할만을 담당하는 것이 아니다. 팀 전체의 실점을 막는 최후의 방어선이며, 상황에 따라서는 공격 전환의 시작점이 되기도 한다.

수비수는 포지션(센터백, 풀백 등)에 따라 조금씩 차이는 있지만 공통적으로 중요한 역할이 있다.

1) 상대 공격 차단

상대 팀의 공격수 · 윙어 · 미드필더의 전진을 방해하고 드리블, 슈팅, 패스의 시도를 제한해야 한다. 공격수가 드리블해 들어올 때, 적절한 거리에서 압박하며 볼을 빼앗는 역할이다. 필요한 경우 태클, 차단(인터셉트), 몸싸움 등을 통해 볼을 빼앗아야 한다.

2) 위치 선정과 공간 커버

수비수는 항상 볼과 상대 팀 선수 그리고 우리 동료의 위치를 파악하고, 어디를 막아야 할지 판단해 정확히 서 있어야 한다. 그러면서 수비 라인을 유지하고, 오프사이드 트랩, 위험 공간 커버링 등을 통해 실점 확률을 줄여야 한다. 또 동료가 압박을 나갈 때 뒷공간 커버를 해주고 도와줘야 하는 역할도 있다.

3) 수비 조직 조율

특히 센터백은 전체 수비 라인의 리더 역할을 한다. 라인을 끌어올리고 조율하고 수비 간의 간격을 유지할 수 있도록 팀을 통제하는 것이다. "뒤에 붙는다!" "올려!" "내가 간다!"와 같은 말로 선수 마크를 지시하고, 위험 지역을 경고하는 등 필수적으로 의사소통을 활발하게 해야 한다.

4) 크로스, 슈팅 차단 및 공중볼 경합

헤딩이나 발을 사용해 슈팅이나 크로스를 최대한 막아내고, 세트피스(코너킥, 프리킥 등) 상황에서 공중볼 경합에서 이기려고 하는 집중력이 필요하다. 박스 안에서 헤딩으로 걷어내거나 골문 앞에서 슬라이딩을 해서라도 볼을 걷어내야 하는 것이다.

5) 빌드업(공격 전개)의 시작

현대 축구에서 수비수는 공격의 첫 시작점이기도 하다. 넓은 시야로 동료들의 위치를 파악하여 침착한 볼 처리와 정확한 패스를 통해 미드필더나 측면으로 볼을 연결하는 것이다. 예를 들면 센터백이 압박받지 않고 풀백 또는 수비형 미드필더에게 정확한 패스를 주며 공격을 전개하는 식이다.

수비수는 세부 포지션별로 주요 역할이 좀 더 세분화 되어 있다. 먼저 센터백(CB)의 경우 중앙 수비의 핵심으로 주로 공중볼을 처리하고 태클을 통해서라도 볼을 처리한다. 또 전체적인 수비 라인을 통제하고 전체적인 리더 역할을 담당한다. 풀백(LB·RB)은 측면을 커버한다. 윙어 수비의 역할을 하며 종종 공격에도 가담(오버래핑)한다. 윙백(LWB·RWB)은 수비와 공격의 하이브리드 역할을 수행하며, 넓은 공간을 오가는 만큼 높은 체력이 필요하다. 스위퍼(리베로)는 전통적 포지션으로 뒤에서 커버하거나 빌드업을 주도하는 역할이다. 현대 축구에서는 드문 편이다.

좋은 수비수가 되기 위한 훈련

1) 수비의 기본 개념 이해

수비는 상대의 공격을 차단하는 것만을 담당하지 않는다. 상대의 움직임을 읽고, 공간을 통제하고, 타이밍을 조율하는 총체적인 예술이라고 볼 수 있다.

① 몸보다 볼: 항상 볼을 보되, 상대의 움직임을 놓쳐서는 안 된다.

② 거리 유지: 상대 선수와 너무 가까우면 뚫리기 쉽고, 너무 멀면 압박이 안 된다.(약 1~1.5m 유지)

③ 몸의 방향: 상대가 가고 싶은 방향을 유도하거나 차단해야 한다.(사이드로 몰기)

2) 기본 자세와 풋워크(Footwork) 훈련

수비를 할 때는 기본적으로 무릎을 살짝 굽히고 무게중심을 낮춘

후 발은 어깨너비만큼 벌려야 한다. 또 수비수는 무작정 많이 뛰어다니는 것이 아니라 상대의 움직임을 읽고 영리하게 수비를 해야 한다. 이를 위한 훈련 몇 가지를 소개한다.

- 사이드 스텝 연습: 좌우로 빠르게 움직이되, 절대 다리를 교차하지 않기
- 콘을 1m 간격으로 놓고 사이드 스텝으로 빠르게 이동
- 볼을 가진 상대를 따라 움직이며 간격 유지 연습

3) 1:1 대인 수비 훈련

상대가 공을 잡으면, 바로 뛰어들지 말고 간격을 유지하면서 기다리며 타이밍을 봐야 한다. 이를 위한 훈련 방법은 다음과 같다.

한 명이 볼을 가지고 공격수 역할을 하며 드리블을 한다. 수비수는 일정 거리에서 압박하면서 방향을 유도하는데, 이때는 반드시 외곽으로 유도해야 한다. 중앙으로 가는 것을 차단하는 것이 중요하다. 그러다 상대가 돌파를 시도할 때 발을 넣는 연습을 해보는 것이다. 그럴 때는 빠르게 다가가되 무게중심은 낮아야 한다. 무엇보다 섣부른 태클은 위험하다. 바로 행동하기보다는 타이밍을 재는 것이 중요하다는 것을 잊지 말아야 한다.

4) 커버와 협력 수비 기초

수비는 혼자 하는 것이 아니다. 항상 팀원과의 거리와 위치를 확

인해야 한다. 이를 위해 평소 두 명이 짝을 이루어 커버하는 수비 훈련을 해 보면 좋다. 한 명은 압박을 하고 다른 한 명은 커버 위치를 잡는 식이다. 또 2:2 미니 게임으로 협력 수비를 익히는 것도 좋다.

5) 실전 적용(소규모 게임)

소규모 게임을 통해 훈련을 해보는 것도 도움이 된다. 3:3 또는 5:5 게임을 하면서 수비를 전담하는 역할을 수행해 보는 것이다. 이때 훈련 중 포인트마다 서로 피드백을 해주는 것이 중요하다. 예를 들어 "왜 저쪽으로 몰았는지?", "거리가 왜 벌어졌는지?", "좋은 수비 타이밍이 언제였는지?"를 생각해보고 함께 소통하는 것이다.

무엇보다 수비는 참을성 싸움이다. 먼저 움직이면 안 된다. 몸을 써서 밀어내지 말고, 공간을 차지하면서 밀어내는 수비가 영리한 수비수라는 것을 기억하자.

수비수에게 필요한 마음가짐
1) 팀을 지탱하는 중심이라는 것을 잊지 말자.

축구에서 수비수는 눈에 잘 띄지 않는다. 공격수는 골을 넣으면 영웅이 되지만, 수비수가 막아내는 건 당연하다고 생각한다. 그 골이 필요 없어지는 것이다.

그런데 그게 진짜 팀을 위한 수비이다. 수비수는 스포트라이트보다 책임감을 즐겨야 한다. 항상 팀을 먼저 생각하는 마음이 필요하다. '내가 막으면 팀 전체가 편해진다'라는 책임감이 필요하다.

2) 머리로 이해하고, 몸으로 익히고, 마음으로 지킨다!

훈련할 때 실수하는 것은 괜찮다. 중요한 건 진심으로 임하는가, 이다. 훈련할 때 틀리거나 실수한다고 해서 포기하는 건 좋지 않다. 언제나 실전처럼 생각하고 집중해서 훈련해야 한다. 작게 반복되는 훈련 하나도 소홀히 하지 않으려는 태도와 자세가 중요하다.

3) 두려워할 것도, 먼저 무너질 것도 없다.

상대 팀이나 선수가 더 빠르던, 더 유명하던 그건 중요하지 않다. 내가 훈련이 잘되어 있고 경기를 뛸 준비가 되어 있다면 자신감을 가지고 경기에 나서면 된다. 몸싸움보다 먼저 이겨야 할 건 멘탈 싸움이다. 항상 침착하고 차분하게 경기를 읽으려는 습관을 길러야 한다. 상대의 에너지에 두려워할 것 없다.

4) 포기하지 않는 정신이 중요하다.

수비수는 실수를 안 하는 게 아니라, 실수하고도 바로 다시 막는 사람이 되어야 한다. 실수했을 때 고개 숙이고 실망하기보다, 곧바로 상대를 따라가고 끝까지 보면서 다시 기회를 만드는 근성이 중요하다. 한 번 뚫렸다고 끝난 게 아니다. 포기하면 안 된다.

5) 매 순간이 나를 만들고 있다.

매 경기 매 훈련이 자신을 만든다고 생각해야 한다. 오늘 훈련을 대충하면 경기에서도 대충 나온다. 작고 반복되는 것들이 진짜 좋은 수비수로 만든다는 것을 기억하자.

수비수의 마음가짐

- 나는 팀의 마지막 방어선이다 – 책임감
- 실수해도 포기하지 않는다 – 근성
- 상대보다 먼저 무너지지 않는다 – 침착함
- 동료를 먼저 생각한다 – 희생정신
- 훈련부터 전력으로 임한다 – 성실함

수비는 상황과 사람을 읽는 거라는 걸 알아야 한다. 상대가 어디로 갈지, 볼이 어디로 흐를지 생각하면서 훈련을 해야 한다. 볼만 쫓지 말고 상대의 움직임을 읽는 눈을 길러야 한다.

태클도 마찬가지다. 화려한 태클보다 상대를 돌아서지 않게 만드는 수비가 더 멋진 거다. 볼을 뺏는 것보다 아예 기회를 안 주는 게 진짜 좋은 수비수라는 것을 기억하자.

수비는 팀을 위해 버티는 거라는 걸 생각하자. 그걸 할 수 있다면, 그 선수는 이미 좋은 수비수로 가는 길에 서 있는 것이다.

홍정남_골키퍼

골키퍼의 주된 역할

팀의 마지막 수비라인으로 상대 팀의 득점을 막는 포지션이다. 축구 경기에서 필드 플레이어들과는 다른 특별한 규칙이 적용되는 것도 특징이다. 페널티 에어리어(골문 앞의 큰 사각형) 내에서는 손을 사용할 수 있는 유일한 선수이며, 상대 팀이 슈팅을 할 때 이를 손, 팔, 몸 등으로 막아내는 것이 가장 기본적인 역할이다.

하지만 현대축구에서는 골문 방어만이 아닌 빌드업도 필요한 포지션이 되었다. 단순히 공을 막는 것 이상의 존재로, 수비의 핵심이자 때로는 경기의 흐름을 바꾸는 결정적인 역할을 한다.

공격의 시발점이 되기도 하고 때로는 적극적으로 수비라인 밖으로 나와 플레이에 참여하는 스위퍼 키퍼가 되기도 한다.

좋은 골키퍼가 되기 위한 훈련

중요한 요소들이 많지만 12세, 15세 유소년 같은 경우에는 기본기(캐칭, 스텝, 위치 선정)가 제일 중요하다고 생각한다. 그러면서 컨트롤, 패스, 킥과 같은 이런 부분도 연습을 하면 좋을 것 같다

18세 경우에는 어느 정도 기본기가 잡혀있다면 12세, 15세에서 배운 것을 토대로 피치컬 훈련을 하면서 몸을 최대한 끌어 올려야

한다고 생각한다.

개인 훈련으로는 줄넘기, 공이랑 친해지기(10~12세 기준, 집에서 맨손으로)와 팀 훈련에서 제대로 할 수 없는 킥, 패스, 컨트롤 등을 연습을 하면 좋다.

줄넘기는 기본 체력을 올릴 수 있는 유산소 운동이며 골키퍼에게 필요로 하는 점프력에도 도움을 준다. 종아리를 넘어 코어까지 자극이 되어 밸런스를 잡는 것에도 도움이 될 수 있는 운동이다.

또 집에서 맨손으로 볼과 친해지는 경험도 많이 하는 것도 좋다. 한 손으로 또 두 손으로도 볼을 잡아보며 계속 그 감각을 익히는 것이다. 볼을 튕겨보기도 하고 누워서 볼을 던져서 잡아보는 등 계속해서 만져보자.

팀 훈련에서는 제대로 할 수 없는 킥이나 패스, 볼 컨트롤 연습도 꾸준히 한다면 골키퍼로서의 역량을 강화하는 데 도움이 될 것이다.

골키퍼에게 필요한 마음가짐

골키퍼라는 포지션은 멘탈이 정말 중요하다. 다른 포지션은 실수를 하더라도 다른 동료들로부터 도움을 받을 수 있지만, 골키퍼는 실수하는 순간 바로 골로 연결된다. 그런 이유로 골키퍼는 심리적 압박감이 심한 편이다. 하지만 높은 긴장감 속에서도 경기 종료 휘슬이 울릴 때까지 집중을 해야 한다.

나는 선수 시절 이를 보완하기 위해 항상 이미지트레이닝을 했고, 경기에 나올 수 있는 모든 상황들을 생각하면서 훈련하고 경기에 임했다. 또 골키퍼 하이라이트 영상을 보면서 '나도 할 수 있다'는 생각을 많이 했다.

좋은 골키퍼들을 보면 자신만의 장점이 하나는 뚜렷하게 있다. 이는 자신을 잘 파악하고 장점을 극대화한 것이다. 다른 포지션도 마찬가지겠지만, 골키퍼로 성장하고자 한다면 자기 자신의 장점을 빨리 파악하고 그 장점을 극대화는 것에 집중하는 것이 좋다.

골키퍼로 성장 중인 선수들에게

골키퍼는 정말 매력적인 포지션이라고 생각한다. 골키퍼로서 경기를 뛰면 뛸수록 이런 생각은 더욱 단단해질 것이다. 축구 경기는 필드 선수들이 잘해서 쉽게 이길 수도 있지만 어려운 경기를 할 때도 있다. 그럴 때 리더가 되기도 하고 어려운 역할을 하게 되는 것이 골키퍼이다.

그러다 보니 경기가 시작해서 종료 휘슬이 울릴 때까지 한 시도 집중이 흐트러져서는 안 된다. 쉽지 않은 자리이지만, 위기 상황에서 골을 막고 그로 인해 팀의 승리에 보탬이 되는 경험을 한다면 골키퍼의 매력에서 쉽게 헤어나기 힘들 것이다.

EPILOGUE

정훈

한참 축구의 기본을 익히고 축구 선수로서의 모습이 조금씩 갖춰 가던 중학교 시절, 나는 새벽 6시에 일어나 대중교통을 타고 등교를 했다. 학교에 도착하자마자 새벽 훈련이 시작됐고, 정규 수업이 끝나면 곧바로 오후 운동이 이어졌다. 모든 일과를 끝내고 집에 돌아오면 밤 9시를 훌쩍 넘겼다. 그리고 이런 생활을 3년 동안 하루도 쉬지 않고 반복했다.

고등학생이 된다고 달라지는 건 없었다. 성인 무대로 가느냐가 결정되는 시기, 경쟁은 더욱 치열했고 그만큼 일상은 모든 게 축구로 채워졌다.

그런데 그 시간이 고될지언정 괴롭지는 않았다. 축구가 좋아서 나 스스로 선택한 길이었으니까. 다만 돌아보면 아쉬운 점도 있다. 내가 어릴 때는 볼을 다루는 훈련보다 체력 위주의 훈련이 많았다. 대학교에 이르기까지 잔디가 아닌 맨땅에서 훈련을 하다 보니 패스나 드리블 같은 기술적인 성장을 기대하기는 어려운 환경이었다.

선수 생활을 지나고 은퇴 후 나는 지금 스카우터로서 전국을 다니고 있다. 유소년 축구팀을 찾아다니다 보면, 많은 아이들이 과거에 비해 훨씬 좋은 환경에서 축구를 하고 있다는 걸 실감하곤 한다. 꼭 환경만이 아니다. 전술적인 측면에서도 그렇다. 한국 축구의 미래를 생각해도, 유소년 선수 개개인의 성장을 위해서도 참 다행스러운 일이다.

하지만 안타깝게도 모든 아이들이 그런 여건을 누리고 있는 것은 아니다. 분명 좋은 환경이 아닌 곳에서도, 어린 시절 내가 가졌던 마음처럼 그저 축구가 좋아서 어떻게든 해보고 싶어 하거나, 힘든 환경에서도 축구를 하고 있는 친구들이 있을 거로 생각한다.

그런 친구들에게도 건강하고 좋은 정보를 담은 축구 이야기를 전하면 좋겠다 싶었다. 이 책에서 다룬 내용은 축구를 처음 시작한 사람들이 꼭 알아야 할 기초적인 것들이다. 기본인 만큼 필수적이다. 따로 레슨을 받지 못할 때, 혹은 궁금한 게 많은데 팀에서 일대일 밀착 지도를 받기 어려운 상황일 때 이 책이 작은 길잡이가 되어주기를 바라며 집필에 참여했다.

축구를 책으로 배우라는 것은 아니다. 다만 훈련 중간중간이나 집에 돌아와 복기할 때 곁에 두고 편하게 펼쳐 보는 참고서가 되었으면 한다.

이용

작년부터 선수 생활을 돌아보며 출판사와 나의 이야기를 준비하고 있었다. 그러던 와중에 새로운 제안을 받았다. 직접적인 축구 이야기를 해보자는 것이었다. 축구에서 수비의 역할이나 방법에 대해 자세하게 말할 수 있는 기회가 있다면 의미가 있을 것 같았다.

수비는 남들이 잘 모르는 멋이 있다. 축구에서는 많은 사람이 아니 모두가 골을 넣고 싶어 한다. 그런데 진짜 중요한 건 골을 막아주는 사람이다. 수비는 티는 나지 않지만 실은 경기를 지배할 수 있는 자리다. 나는 수비수가 막은 한 번의 수비가, 골보다 더 큰 순간이 될 수 있다고 생각한다.

그런 수비에 대해 하나하나를 담아보려고 했다. 물론 책이라는 특성상 의도한 만큼 여러 동작들이 담기지 않아 아쉬움은 있다. 하지만 지루하고 힘들 수 있는 훈련이 왜 중요한지, 왜 기본기가 중요한지에 대해서는 우리의 경험을 돌아보며 진심을 담았다.

오랜만에 학창시절로 돌아가 처음 축구를 할 때를 떠올려보는 기분도 새로웠다. 나는 고등학교때까지 굉장히 작은 체구였고 축구도 남들보다 늦게 시작해 유소년 시절에 어려움을 많이 겪은 편이었다.

그런 나를 지켜준 건 기본기였다. 선생님들이 시키는 훈련을 최대한 그대로 소화하려고 했고, 기본기가 중요하다는 말에 다른 생각 하지 않고 최선을 다해 기본기를 익히려고 했다. 그리고 그 결과가 20대 중반이 넘어서자 나왔다고 생각한다. 지루할 수 있고 바로 눈에 띄지 않을 수 있지만 기본기의 힘은 그만큼 컸다.

이 책이 꼭 유소년 선수들만을 위한 것은 아닐 거다. 축구를 재미있게 보는 분들도 있을 거고 취미로 즐기는 분들도 있을 것이다. 수비수로서 이 책에 참여하면서 마지막으로 남기고 싶은 말이 무엇일까 생각해보니 '실수'와 '자신감'이라는 단어가 떠올랐다.

수비는 실수를 통해 성장한다. 뚫렸다고 실망하지 말고 중요한 건 다음에 뚫리지 않는 법을 찾는 게 중요하다. 우리 일상도 그런 것 같다. 축구를 하든 각자의 일을 하든 작은 실수는 늘 있기 마련이다. 그럴 때 좌절하기보다는 하나씩 배우고 다음에 반복하지 않으려 애쓰는 마음이 중요한 게 아닐까.

그리고 그때 필요한 게 자신감이다. 남들보다 조금 느리다고, 조금 작다고 해서 포기하거나 미리 겁먹기보다는, 내가 좋아하고 잘하는 걸 찾아보라고 하고 싶다. 그럴 때 가족과 친구들이 옆에 있어 준다면 우리는 좀 더 용기를 가지고 뛰어갈 수 있을 것이다.

이 책도 그런 역할을 할 수 있다면 좋겠다. 축구를 즐기는 사람에게도 축구를 하고 있는 사람들에게도 작은 버팀목이 될 수 있기를 바란다.

홍정남

처음 동국이 형에게서 함께 책을 만들자는 연락을 받았을 때, 솔직히 그렇게 대단한 일은 아니라고 생각했다. 내가 평생 해 온 게 축구였고, 그냥 내가 아는 걸 말하면 되는 줄 알았다. 그러면서 책이라는 새로운 분야가 기대가 되기도 했고, 설레는 마음도 있었다.

그런데 막상 집필을 시작하고, 책에 들어갈 사진을 촬영하면서 생각이 달라졌다. '이게 진짜 장난이 아니구나.'

책은 한 번 나오면 영원히 기록된다. 그 안에 들어갈 내 말 한마디 한마디가 얼마나 책임감이 있어야 하는지 실감이 나기 시작했다. 무엇보다 혹시라도 나로 인해 다른 축구인이나 축구 꿈나무가 피해를 보면 안 된다는 생각이 들자 무거운 부담감이 느껴졌다.

그렇게 걱정을 하면서도, 집필과 촬영은 이어지고 있었다. 나는 내 역할을 해야 했다. 우선 내가 해 온 축구를 차분히 돌아봤다. 훈련을 통해 반사적으로 나오던 동작들을 어떻게 알려줄지 고민을 거듭했다. 몸으로 익힌 것을 말로 풀어내려다 보니, 수십 번씩 되새기고 생각했다. 읽을 독자를 생각하며 표현도 고민하게 됐다.

그런데 그 과정이 현장에서 지도를 할 때에 도움이 되기 시작했다. 예전보다 아이들이 조금 더 쉽게 이해하는 게 느껴진 것이다. 그러면서 재미도 느껴졌고 자신감도 생기기 시작했다.

　나는 선수 시절 엘리트 코스를 밟은 것도 아니고, 유명한 골키퍼들에 비하면 그렇게 많은 경기를 뛴 것도 아니다. 그리고 생각보다 조금 이른 나이에 은퇴를 했다. 이후 가장으로서 무엇이든 해야 했다. 더 이상 경기를 뛰는 선수가 아니었지만, 나를 돌아보니 내가 할 줄 아는 건 골키퍼뿐이었다. 그렇게 생계를 위해 골키퍼 코칭에 뛰어들었다.

　그런데 현장에서 보니 전국적으로 유소년 골키퍼 코치가 거의 없었다. 어릴 적 내가 축구를 처음 배웠던 때로부터 시간이 이렇게나 많이 흘렀는데, 우리나라 골키퍼 육성 시스템이나 인프라는 달라진 게 없었다. 안타까웠다.

　프로축구선수로 15년을 살았다. 가르치는 건 이제 막 시작하고 있다. 코칭은 처음이라 자격증도 따고, 공부도 다시 했다. 그러면서 내가 제대로 된 방향을 제시하고, 올바르게 지도한다면 우리나라 골키퍼 육성에 조금이나마 기여할 수 있지 않을까 하는 마음이 생겼다.

　이 책은 그 마음의 연장선에 있다. 책을 통해 보다 많은 사람들에게 골키퍼가 하는 역할과 기본에 대해 알릴 수 있는 계기가 된다면 선수 때와는 또다른 기쁨을 느낄 수 있을 것 같다. 새로운 보람을 경험할 수 있기를 바라는 마음이다.

축구를 생각하다

초판 1쇄 발행 2025년 6월 16일
지은이 이동국·정훈·이용·홍정남
펴낸이 안종만·안상준
편집 총괄 장혜원
디자인 정혜미
마케팅 조은선
사진 안규림
사진 출처 FA Photos·연합뉴스·전북 현대 모터스·구윤경
제작 고철민·김원표
장소 협찬 이동국FC
펴낸곳 (주)박영사
등록 1959년 3월 11일 제300-1959-1호(倫)
주소 서울시 금천구 가산디지털2로 53, 210호(가산동, 한라시그마밸리)
전화 02-733-6771   **팩스** 02-736-4818
이메일 inbook@pybook.co.kr   **홈페이지** www.pybook.co.kr
ISBN 979-11-303-2355-8 13690